달달 읽고 곰곰 생각하는

달콤한
문해력 기본서

1~2학년 추천

초등
2단계

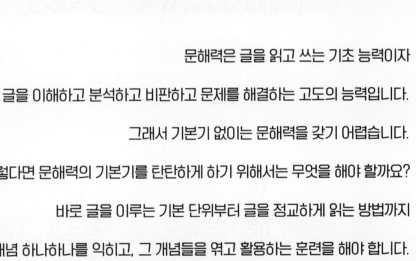

문해력은 글을 읽고 쓰는 기초 능력이자

글을 이해하고 분석하고 비판하고 문제를 해결하는 고도의 능력입니다.

그래서 기본기 없이는 문해력을 갖기 어렵습니다.

그렇다면 문해력의 기본기를 탄탄하게 하기 위해서는 무엇을 해야 할까요?

바로 글을 이루는 기본 단위부터 글을 정교하게 읽는 방법까지

개념 하나하나를 익히고, 그 개념들을 엮고 활용하는 훈련을 해야 합니다.

달콤한 문해력 기본서를 한 학년 동안 익히면 20개의 개념 퍼즐을 맞추게 되고,

전 학년 익히면 200개의 개념 퍼즐을 완성하게 됩니다.

그러면 우리가 상상하는 것보다 더 근사하고 굉장한 힘인 '문해력'을 갖게 될 것입니다.

문해력, 왜 필요한가요?

한 번 읽었던 지문은 이해도 잘 되고, 문제도 잘 풀어요.
그런데 다른 과목처럼 실력이 쌓이는 것 같지 않아요.
새로운 글을 읽을 때마다 다시 처음부터 시작이에요.

지금, 문해력의 기본을 익혀야 합니다.

용어만 다를 뿐 독해력과 문해력은 같은 것 아닌가요?

국어 공부뿐만 아니라 다른 과목의 학습을 위해서 둘 다 꼭 필요한 능력이지만 분명한 차이가 있습니다.

독해력
- 글을 읽고 이해하는 능력
- 글의 정보를 이해하고 이를 바탕으로 다양한 문제를 풀고 표현하는 능력

문해력
- 글을 읽고 이해하고, 분석하고, 표현하는 능력
- 글의 정보를 이해하고 글 속에 담긴 의도와 맥락을 분석하고 비판하는 능력

시험이 목표라면 독해력을 향상시키는 연습이 더 중요할 것이고,
국어 실력 향상이 목표라면 문해력으로 기본기를 탄탄히 다져야 합니다.

문해력인데 왜 교과서 개념으로 익혀요?

국어 교과서
- 말하고, 듣고, 읽고, 쓰는 활동을 배우는 과목
- 다른 과목의 내용까지 읽고 이해할 수 있도록 문해력 향상의 기본이 되는 과목

어떤가요?

문해력의 기본은
교과서 개념으로
다져야겠지요?

문해력 기본서는 일석삼조(一石三鳥)가 됩니다.

문해력의 기본을 익힌다

각 학년의 교육 과정에 있는 국어 교과서 개념을 다루어서 교과서 개념 학습을 따로 할 필요가 없습니다.

다른 과목의 자료를 읽고 이해하며 학습한 것에 대한 수행 평가를 하는 데에도 큰 도움이 됩니다.

다양한 글을 비판적으로 분석하고 표현하는 능력은 중고등학교 학업 성과를 높이는 단단한 기초가 됩니다.

"달콤한 문해력 기본서와 함께
문해력 공부를 시작해 보세요"

문해력은 아이들의 미래를 결정짓는 가장 중요한 능력 중 하나입니다. 현대 사회에서 문해력은 단순히 글자를 읽고 쓰는 수준에 그치지 않고, 다양한 정보를 이해하고 분석하며, 자신의 생각을 논리적으로 표현하는 능력으로 확장되고 있습니다. 문해력은 **우리 아이들이 사회의 주역으로 성장하는 데 반드시 갖추어야 할 필수적인 능력인 것입니다.**

언론을 통해 문해력 저하를 우려하는 뉴스와 기사들을 종종 접합니다. 학교 현장에서 아이들을 가르치는 선생님들도 초등학생의 문해력 저하 현상을 실제로 체감하고 있습니다. 뿐만 아니라 다양한 연구 결과에서 문해력 저하와 관련된 지표들이 보고되고 있습니다. 교육 당국에서는 초등학생의 문해력 신장을 위해 다양한 정책을 추진하고 있습니다.

이런 흐름 속에 '달콤한 문해력 기본서' 시리즈가 우리 소중한 아이의 문해력 향상을 목표로 출판되었습니다. 달콤한 문해력 기본서는 **초등 학교 국어 교과서에서 제시하는 기본 개념을 좋은 글과 함께 익힐 수 있도록 구성**되었습니다.

달콤한 문해력 기본서가 우리 아이의 문해력 향상에 큰 도움을 줄 것이라고 생각합니다.

문해력은 아이들이 잠재력을 최대한 발휘하면서 행복한 삶을 살아가는 데 필수적인 능력입니다.
우리 아이들이 스스로 생각하고 판단하며 세상과 소통할 수 있도록,
지금부터 달콤한 문해력 기본서와 함께 문해력 향상을 위한 노력을 시작해 보세요.

추천사 **방은수 교수님**

100명의 검토 교사 명단

신건철 서울구로초등학교	공은혜 서울보라매초등학교	이내준 서울신곡초등학교	홍현진 삼은초등학교	박장호 신곡초등학교
조민의 서울봉현초등학교	양수영 서울계남초등학교	전채원 인천봉수초등학교	박병주 김천동부초등학교	이상명 검산초등학교
박소연 서울연가초등학교	조원대 글빛초등학교	김 솔 양서초등학교	김희진 보름초등학교	윤지현 서울대치초등학교
김광희 인천연안초등학교	김나영 대전반석초등학교	정선우 대구하빈초등학교	김성신 수현초등학교	조보현 성산초등학교
김성혁 서울가인초등학교	이화수 인천용학초등학교	안기수 관호초등학교	김효주 현동초등학교	정진희 다솜초등학교
선주리 송운초등학교	길수정 천안삼거리초등학교	이용훈 군서초등학교	강수민 대전변동초등학교	최흥섭 대구한실초등학교
서미솔 서울우이초등학교	박은솔 샘말초등학교	최이레 구미원당초등학교	김유나 인천완정초등학교	박한슬 부곡중앙초등학교
김은영 서울신상계초등학교	이상권 인천백석초등학교	구창성 대구월곡초등학교	김석민 인천부평서초등학교	이상은 세종도원초등학교
박원영 서울도림초등학교	정대준 서울가동초등학교	김재성 수현초등학교	박기병 청원초등학교	한동희 대구세천초등학교
최보민 인천해서초등학교	박다솔 신일초등학교	오인표 인천새말초등학교	이기쁨 천안성성초등학교	이영진 신곡초등학교
차지혜 서울누원초등학교	양성남 새봄초등학교	이석민 상탄초등학교	정하준 천안성성초등학교	노희창 문산동초등학교
이근영 서울대방초등학교	백신형 서울증산초등학교	이경희 남양주월산초등학교	배민지 미사초등학교	정민우 참샘초등학교
윤우덕 서울가인초등학교	김나현 인천당산초등학교	김동희 청옥초등학교	허영수 구미신평초등학교	박혜란 수양초등학교
정혜린 서울구룡초등학교	조상희 남양주월산초등학교	이서영 신현초등학교	최흥섭 대구한실초등학교	정금향 한가람초등학교
김일두 성복초등학교	이동민 구미봉곡초등학교	최병호 인천장수초등학교	이동훈 서경초등학교	조소희 참샘초등학교
이혜경 개정초등학교	정광호 아름초등학교	김연상 하안북초등학교	박빛나 목포옥암초등학교	배장헌 구미인덕초등학교
이지현 서울석관초등학교	최지연 서울원명초등학교	조예진 부천중앙초등학교	심하루 세종도원초등학교	김규연 금란초등학교
박다빈 서울연은초등학교	이정민 부천대명초등학교	정혜란 서울행현초등학교	이연정 서울길동초등학교	김고운 구미신평초등학교
김성은 서울역촌초등학교	김성현 인천용학초등학교	서정준 인천부평서초등학교	윤미정 차산초등학교	정요원 갈매초등학교
이지윤 대구새론초등학교	심지현 시흥월곶초등학교	김효주 현동초등학교	이호석 운정초등학교	조민정 다산새봄초등학교

구성과 특징

1 개념 사전

그림으로 개념을 한눈에 이해하고, 꼭 알아야 할 교과 개념을 익혀요.

2 개념 확인

짧은 글에서 개념을 찾아보는 연습을 해 보세요.

3 긴 글 읽기

1회독 막연하게 읽지 말고 지문에 따른 읽기 방법을 적용해서 읽어 보세요.

4 구조 읽기

읽은 내용을 구조화하여 정리해 보세요.

2회독 정리가 잘 안 되면 다시 한 번 지문을 꼼꼼하게 읽어요.

5 꼼꼼한 이해

어휘, 글의 정보 등 글의 사실적인 내용을 확인해 보세요.

6 개념의 적용

앞에서 배운 개념이 글에 어떻게 적용되어 있는지 확인해 보세요.

7 생각과 판단

글의 의도, 내용의 옳고 그름 등 추론과 비판 활동을 해 보세요.

8 생각 펼치기

글을 읽고 이해한 자신의 생각을 글로 표현해 보세요.

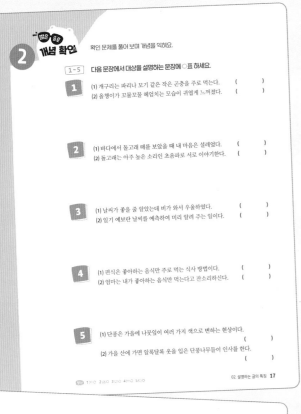

② 개념 확인

확인 문제를 풀어 보며 개념을 익혀요.

1~5 다음 문장에서 대상을 설명하는 문장에 ○표 하세요.

1
(1) 개구리는 파리나 모기 같은 작은 곤충을 주로 먹는다. ( )
(2) 올챙이가 꼬물꼬물 헤엄치는 모습이 귀엽게 느껴졌다. ( )

2
(1) 바다에서 돌고래 떼를 보았을 때 내 마음은 설레었다. ( )
(2) 돌고래는 아주 높은 소리인 초음파로 서로 이야기한다. ( )

3
(1) 날씨가 좋을 줄 알았는데 비가 와서 우울하였다. ( )
(2) 일기 예보란 날씨를 예측하여 미리 알려 주는 일이다. ( )

4
(1) 편식은 좋아하는 음식만 주로 먹는 식사 방법이다. ( )
(2) 엄마는 내가 좋아하는 음식만 먹는다고 잔소리하신다. ( )

5
(1) 단풍은 가을에 나뭇잎이 여러 가지 색으로 변하는 현상이다. ( )
(2) 가을 산에 가면 알록달록 옷을 입은 단풍나무들이 인사를 한다. ( )

02 설명하는 글의 특징 **17**

은 우주선 벽에 물건을 고정하기 위해 벨크로를 사용하였어요. 벨크로는 우주선에서 크기도 모양도 다른 물건들을 고정하는 데 가장 알맞은 발명품이에요.

벨크로는 생활용품을 넘어 우주여행의 **필수품***이 되었어요. 언젠가 우리도 필요한 물건을 우주선 벽에 붙이고 우주를 여행하는 날이 올지도 몰라요.

* 필수품 반드시 필요한 물품

▲ 우주선에 물건을 고정하고 있는 우주인

④ 구조 읽기

빈칸에 알맞은 낱말을 써넣으며 내용을 정리해 보세요.

| 처음 | | 는 신발, 옷, 장난감 등 여러 가지 물건에 쓰임. |
| 가운데 | • 스위스의 한 발명가가 도꼬마리… |

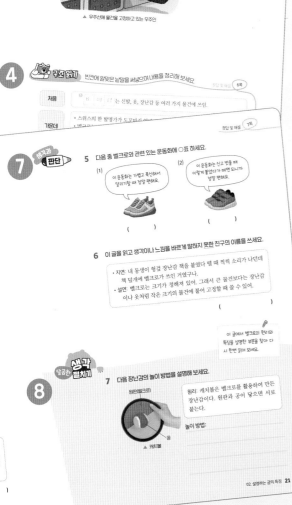

⑦ 생각과 판단

5 다음 중 벨크로와 관련 있는 운동화에 ○표 하세요.

(1) 이 운동화는 가볍고 폭신해서 달리기할 때 정말 편해요. ( )

(2) 이 운동화는 신고 벗을 때 이렇게 붙였다 떼면 되니까 정말 편해요. ( )

6 이 글을 읽고 생각이나 느낌을 바르게 말하지 못한 친구의 이름을 쓰세요.

• 지윤: 내 동생이 헝겊 장난감 책을 붙였다 뗄 때 찍찍 소리가 나던데 책 덮개에 벨크로가 쓰인 거였구나.
• 설연: 벨크로는 크기가 정해져 있어. 그래서 큰 물건보다는 장난감이나 옷처럼 작은 크기의 물건에 붙여 고정할 때 쓸 수 있어.

( )

이 글에서 벨크로의 원리와 특징을 설명한 부분을 찾아 다시 한번 읽어 보세요.

⑧ 생각 넓히기

7 다음 장난감의 놀이 방법을 설명해 보세요.

원리: 캐치볼은 벨크로를 활용하여 만든 장난감이다. 원판과 공이 닿으면 서로 붙는다.

놀이 방법:

02 설명하는 글의 특징 **21**

달콤한 문해력 기본서의 3회독 학습법

1 회독
글의 내용을 파악하며 읽기

✦ 글의 특성에 따른 읽기 전략 제공
✦ 읽기 전략에 따라 교재의 본문에 메모하며 읽으세요.

2 회독
다시 한 번 꼼꼼하게 읽기

✦ 빠르게 읽기는 읽기 방법이 완성된 뒤에 해도 늦지 않아요.
✦ 내용 정리가 어려울 때는 다시 한 번 본문 내용을 메모하며 읽어요.

3 회독
자신만의 읽기 방법 만들기

✦ **정답 및 해설**의 읽기 예시와 내가 메모한 내용을 비교해 가며 자신만의 읽기 방법을 만들어요.

차례

1 주차 에서 우리는

01 반복되는 말과 리듬감

빗방울이 똑똑 ♪

햇빛은 쨍쨍 ♪

무지개가 활짝 ♪

웃음꽃이 활짝 ♪

똑같은 말을 반복하니 리듬감이 느껴져!

시에는 같은 말이 반복되거나 글자 수를 비슷하게 쓰는 경우가 많아요. 반복되는 말을 읽으면, 리듬감이 느껴져서 시가 생생하게 느껴져요.

✦ **반복되는 말**
- 시에서 되풀이되는 낱말이나 문장, 앞뒤 글자 수가 비슷하게 맞춰진 말.
- 시에 반복되는 말이 있으면 재미있고 리듬감이 느껴짐.

✦ **리듬감** 시에서 반복되는 말이 쓰여서 노래하는 느낌이 드는 것.

확인 문제를 풀어 보며 개념을 익혀요.

1~5 **다음 시를 읽고 리듬감이 느껴지는 것에 ○표 하세요.**

1

> 엄마랑 아빠랑
> 나랑 너랑

(   )

2

> 쪼르르르 달려갔다
> 쪼르르르 돌아오고

(   )

3

> 우리 반이 줄넘기 대회에서
> 1등을 했어.

(   )

4

> 따닥따따 따닥따따
> 딱따구리가

(   )

5

> 바람이 부는 차가운 가을이 오면
> 나무에서 잎이 떨어진다.

(   )

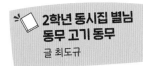
강아지

1회독

- 중심 글감에 ○
- 반복되는 말이 나타난 부분에 〜〜
- 흉내 내는 말이 쓰인 부분에 [　]

처음엔 아무한테나
졸졸 따라나서더니

처음엔 아무한테나
멍멍 **짖어대더니**˚

강아지 예쁜 강아지
㉠금세 **약아졌어요.**˚

아침마다
살래살래
꼬리**치며**˚ 인사하고요.

저녁마다 달랑달랑
반갑다고 달려오지요.

- **짖다** 개가 시끄럽고 크게 소리를 내다.
- **약다** 눈치가 빠르고 꾀가 많다.
- **치다** 날개나 꼬리 등을 세게 흔들다.

정답 및 해설 **4쪽**

 **구조 읽기** 빈칸에 알맞은 낱말을 써넣으며 내용을 정리해 보세요.

1연	처음엔 아무한테나 따라감.

↓

2연	처음엔 ❶ `ㅇ` `ㅁ` `ㅎ` `ㅌ` 나 짖음.

↓

3연	예쁜 강아지가 금세 약아짐.

↓

4연	❷ `ㅇ` `ㅊ` 마다 꼬리 치며 인사함.

↓

5연	❸ `ㅈ` `ㄴ` 마다 반갑다고 달려옴.

2 회독 빈칸을 채우지 못했다면 다시 꼼꼼히 읽어요!

1 이 시는 어떤 경험을 바탕으로 쓴 것인가요? (   )

① 강아지와 산책한 일
② 강아지와 친해진 일
③ 강아지를 잃어버린 일
④ 강아지와 병원에 간 일
⑤ 무서운 강아지를 피한 일

2 이 시에서 '나'가 ㉠처럼 말한 까닭으로 알맞은 것에 ○표 하세요.

(1) 강아지가 금방 꼬리 치는 방법을 배워서

(   )

(2) 강아지가 금방 집이 어디인지 알고 찾아올 수 있게 되어서

(   )

(3) 강아지가 금방 나를 알아보고 인사도 하고 반갑다고 달려와서

(   )

3 이 시에서 반복되는 말을 읽을 때의 느낌으로 알맞은 것에 ○표 하세요.

(1) 답답하고 지루한 느낌이 든다. (   )
(2) 재미있고 노래하는 느낌이 든다. (   )
(3) 눈물이 나올 것처럼 슬픈 느낌이 든다. (   )

4 다음 중 리듬감이 느껴지는 것의 번호를 쓰세요.

(1)
처음엔 아무한테나
졸졸 따라나서더니

처음엔 아무한테나
멍멍 짖어대더니

(2)
강아지는 처음에 아무한테나 따라나서고, 사람만 보면 짖어댔어요.

(   )

14 달콤한 문해력 기본서 **2단계**

5 이 시와 **보기**의 공통점을 알맞게 말하지 <u>못한</u> 친구의 이름을 쓰세요.

┤ 보기 ├

냠냠 맛있지
콕콕 먹어 봐

삐약 삐약 삐이약
노랑 병아리

풀잎 한 번 콕콕
물 한 모금 꼴깍

꼬꼬꼬 꼬꼬
엄마 닭이 부르면

삐약 삐약 예, 예
하나, 둘, 셋, 넷

병아리 병정 되어
종종종 달려가지요.

– 김삼진, 「병아리」

두 시의 글감은 각각 강아지와 병아리로 모두 동물에 대해 쓴 시야.

정우

두 시는 색깔을 나타내는 낱말을 많이 써서 눈에 보이는 것처럼 표현했어.

수현

두 시는 흉내 내는 말을 써서 시 속의 상황이 실감 나고 생생하게 느껴져.

영은

(   )

똑같은 낱말을 반복하거나 글자 수를 비슷하게 맞추어 바꿔서 시의 일부를 써 보세요.

6 이 시의 '강아지'를 다른 동물로 바꾸고, 리듬감이 느껴지도록 시의 일부를 바꿔 써 보세요.

_____

_____

_____

02 설명하는 글의 특징

설명하는 글은 어떤 대상을 알기 쉽게 설명해 주는 글이에요. 글쓴이의 주장이나 생각이 아닌 사실에만 바탕을 두고 설명해요. 설명하는 글을 읽을 때는 새롭게 알게 된 사실이 무엇인지 주의 깊게 살펴보아요.

✦ 설명하는 글의 특징

처음	가운데	끝
설명하는 대상을 밝힘.	대상을 쉽고 자세하게 설명함.	설명한 내용을 요약하며 마무리함.

확인 문제를 풀어 보며 개념을 익혀요.

1~5 **다음 문장에서 대상을 설명하는 문장에 ○표 하세요.**

1
(1) 개구리는 파리나 모기 같은 작은 곤충을 주로 먹는다. (   )
(2) 올챙이가 꼬물꼬물 헤엄치는 모습이 귀엽게 느껴졌다. (   )

2
(1) 바다에서 돌고래 떼를 보았을 때 내 마음은 설레었다. (   )
(2) 돌고래는 아주 높은 소리인 초음파로 서로 이야기한다. (   )

3
(1) 날씨가 좋을 줄 알았는데 비가 와서 우울하였다. (   )
(2) 일기 예보란 날씨를 예측하여 미리 알려 주는 일이다. (   )

4
(1) 편식은 좋아하는 음식만 주로 먹는 식사 방법이다. (   )
(2) 엄마는 내가 좋아하는 음식만 먹는다고 잔소리하신다. (   )

5
(1) 단풍은 가을에 나뭇잎이 여러 가지 색으로 변하는 현상이다.
(   )
(2) 가을 산에 가면 알록달록 옷을 입은 단풍나무들이 인사를 한다.
(   )

우주여행의 필수품 벨크로를 아시나요?

1회독

⬤ 설명하는 대상
에 ◯

⬤ 벨크로를 발명
하게 된 계기에
〰️

⬤ 벨크로의 특징
을 설명한 문장에
[ ]

벨크로는 신발과 옷, 장난감, 가방 등 여러 가지 물건에 쓰이고 있어요. 붙였다 뗄 때 찍찍 소리가 난다고 해서 '찍찍이'라고 부르기도 해요. 벨크로는 우주여행을 할 때도 쓰인다고 해요. 이런 벨크로는 어떻게 만들어졌을까요?

㉠벨크로는 1941년 스위스의 한 발명가가 도꼬마리 열매를 보고 발명하였어요. 어느 날 개와 숲길 산책을 다녀왔는데 그의 바지와 개의 몸통에 도꼬마리 열매가 잔뜩 붙어 있었어요. 그걸 떼어내느라 애*를 먹은 그는 그 열매에 호기심이 생겼어요. 그래서 현미경으로 열매를 관찰하였지요. 도꼬마리 열매에는 수많은 갈고리 모양의 가시가 달려 있었어요. 가시는 다른 물건에 붙으면 잘 떨어지지 않았지요. 발명가는 여기에서 아이디어를 얻어 벨크로를 만들었어요.

벨크로는 쉽게 붙이고 뗄 수 있어요. 두 개의 면으로 이루어져 있어서, 두 면을 서로 맞대고 누르면 쉽게 붙어요. 한 면에 있는 수많은 갈고리가 다른 면의 부드러운 천과 맞닿으면 붙는 거예요. 반대로 한 면을 맞닿은 반대 방향으로 잡아당기면 갈고리와 천이 쉽게 떨어져요.

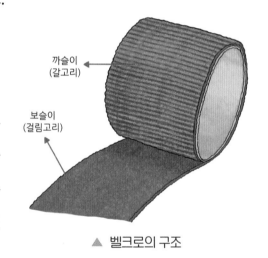

까슬이
(갈고리)

보슬이
(걸림고리)

▲ 벨크로의 구조

벨크로는 가볍고 튼튼해서 사용하기 편리해요. 가볍고 튼튼한 **합성섬유***로 만들어서 붙였다가 떼도 모양이 변하지 않아 여러 번 쓸 수 있어요. 또 벨크로의 크기를 다양하게 만들면 물건의 종류와 크기에 상관없이 **고정할*** 수 있어요. 그래서 벨크로는 단추나 지퍼를 대신해 널리 쓰여요.

그렇다면 벨크로가 우주여행을 할 때도 쓰이는 이유는 무엇일까요? 사람이 우주를 여행하려면 음식, 옷, 약 등 수많은 물건이 필요해요. 그런데 우주는 지구와 달라서 물건의 무게가 실제보다 훨씬 가벼워져요. 그래서 물건들이 바닥에 붙어 있지 않고 떠다니게 되지요. 우주 과학자들

● **애** 몹시 수고롭고 고됨.

● **합성섬유**(合 합할 합, 成 이룰 성, 纖 가늘 섬, 維 바유) 석유, 석탄, 천연가스 등을 원료로 하여 화학적으로 처리하여 만든 섬유.

● **고정**(固 굳을 고, 定 정할 정)**하다** 한곳에서 움직이지 않게 하다.

은 우주선 벽에 물건을 고정하기 위해 벨크로를 사용하였어요. 벨크로는
우주선에서 크기도 모양도 다른 물건들을 고정하는 데 가장 알맞은 발명
품이에요.

벨크로는 생활용품을 넘어 우주여행의 **필수품**이 되었어요. 언젠가 우
리도 필요한 물건을 우주선 벽에 붙이고 우주를 여행하는 날이 올지도
몰라요.

● **필수품**(必 반드시 필, 需 구
할 수, 品 물건 품) 일상생활
에 없어서는 안 되는 반드시
필요한 물건.

▲ 우주선에 물건을 고정하고 있는 우주인

구조 읽기 빈칸에 알맞은 낱말을 써넣으며 내용을 정리해 보세요.

정답 및 해설 6쪽

처음	① ㅂㅋㄹ 는 신발, 옷, 장난감 등 여러 가지 물건에 쓰임.
가운데	• 스위스의 한 발명가가 도꼬마리 열매에서 아이디어를 얻어 벨크로를 만듦. • 벨크로는 쉽게 붙이고 뗄 수 있고, 가볍고 튼튼해서 사용하기 편리함. • 벨크로는 ② ㅇㅈㅅ 에서 물건들을 벽에 고정하는 데 쓰임.
끝	벨크로는 생활용품을 넘어 우주여행의 ③ ㅍㅅㅍ 이 됨.

2 회독 빈칸을 채우지 못했다면 다시 꼼꼼히 읽어요!

1 이 글에서 설명하는 대상은 무엇인지 쓰세요.

☐☐☐

2 벨크로에 대한 설명으로 알맞은 것은 무엇인가요? (　　　)

① 스위스의 우주 과학자가 발명하였다.
② 한 번 사용하면 다시 사용할 수 없다.
③ 천연 섬유로 만들어 가볍고 튼튼하다.
④ 두 면을 서로 맞대고 누르면 쉽게 붙는다.
⑤ 우주선 벽에 사람을 고정하기 위해 사용한다.

3 이 글에서 설명한 내용으로 알맞은 것에 모두 ○표 하세요.

(1) 벨크로의 원리　(　　　　)
(2) 벨크로로 만든 제품　(　　　　)
(3) 벨크로를 발명하게 된 계기　(　　　　)
(4) 벨크로를 만드는 데 드는 비용　(　　　　)

4 ㉠처럼 사실을 바탕으로 대상을 설명한 것의 번호를 쓰세요.

> ① 모차르트가 만든 '반짝 반짝 작은 별'을 들으니 가슴이 뛰었다.
> ② 태극기는 대한민국의 국기이다. 1882년 박영효가 처음 사용하였다.
> ③ 자전거는 자전거 전용 도로에서 타야 한다. 인도에서 타는 건 위험하다.

(　　　　)

5 다음 중 벨크로와 관련 있는 운동화에 ○표 하세요.

(1)
이 운동화는 가볍고 푹신해서 달리기할 때 정말 편해요.

(   )

(2)
이 운동화는 신고 벗을 때 이렇게 붙였다가 떼면 되니까 정말 편해요.

(   )

6 이 글을 읽고 생각이나 느낌을 바르게 말하지 <u>못한</u> 친구의 이름을 쓰세요.

> • 지연: 내 동생이 헝겊 장난감 책을 붙였다 뗄 때 찍찍 소리가 나던데 책 덮개에 벨크로가 쓰인 거였구나.
> • 설연: 벨크로는 크기가 정해져 있어. 그래서 큰 물건보다는 장난감 이나 옷처럼 작은 크기의 물건에 붙어 고정할 때 쓸 수 있어.

(   )

이 글에서 벨크로의 원리와 특징을 설명한 부분을 찾아 다시 한번 읽어 보세요.

7 다음 장난감의 놀이 방법을 설명해 보세요.

원판(벨크로)

공

▲ 캐치볼

> 원리: 캐치볼은 벨크로를 활용하여 만든 장난감이다. 원판과 공이 닿으면 서로 붙는다.

놀이 방법:

_____

_____

_____

03 소리가 비슷한 낱말

소리가 비슷하여 그 의미가 헷갈리는 낱말이 있어요. 그래서 글을 읽을 때는 낱말의 올바른 쓰임을 알아야 해요. 낱말을 바르게 읽고 사용해야 글을 올바로 이해할 수 있어요.

✦ 소리가 비슷한 낱말

• 소리가 비슷해서 글자로 적을 때 헷갈리기 쉬운 낱말.

• 소리가 비슷한 낱말에는 '거름 - 걸음', '맞히다 - 마치다', '다친 - 닫힌', '조리다 - 졸이다', '붙이다 - 부치다' 등이 있음.

확인 문제를 풀어 보며 개념을 익혀요.

1~3 **다음 문장을 읽고 ( ) 안에 들어갈 알맞은 낱말에 ○표 하세요.**

1 엄마는 갑자기 빠른 (걸음 , 거름)으로 걸었다.

2 색종이를 여러 가지 모양으로 오려 도화지에 (붙였다 , 부쳤다).

3 오늘 아침에 달팽이가 (늘이게 , 느리게) 움직이는 것을 보았다.

4~6 **다음 문장을 읽고 빈칸에 들어갈 알맞은 낱말을 보기에서 골라 쓰세요.**

| 보기 |
| 맞히는   마치는   졸이며   조리며   다쳤다   닫혔다 |

4 이 문제의 정답을 [   ] 친구에게 상품을 줄 것이다.

(   )

5 우리나라 대표 팀의 축구 경기를 마음 [   ] 지켜보았다.

(   )

6 어제 고속 도로에서 있었던 교통사고 때문에 많은 사람이 [   ].

(   )

닫혔어요! 다쳤다고?

1회독

🔖 이야기에서 일
어난 일에 ◯

🔖 소리가 비슷한
낱말에 〰

🔖 허름한 집에 간
인물의 마음에 [   ]

여름 방학이 되었어. 나와 내 동생 현수, 사촌 민혁이는 할머니 댁에 놀러 갔어. 민혁이는 나와 현수를 부르더니 말했어.

"저기 산 아래에 있는 빈집에서 밤마다 귀신이 나온대!"

귀신을 볼 수 있다는 말에, 나는 호기심이 발동했어.

"우리 저녁 먹고 몰래 가 보자, 어때?"

민혁이가 방방 뛰며 좋다고 했고, 현수는 우물쭈물하다가 마지못해 간다고 했어. 그렇게 삼총사의 귀신 탐험은 시작되었지.

㉮ 저녁 일곱 시, 우리는 몰래 집을 빠져나왔어. 마을을 지나 산 아래에 있는 **허름한** 빈집에 도착했어. 삐걱삐걱 소리를 내는 대문을 열고 마당으로 조심스레 들어갔어.

"형, 진짜 귀신 나오는 거 아냐?"

현수가 울상을 지으며 말했어.

"귀신이 어디 있다고 그래!"

나는 겁이 났지만, 아무렇지 않은 척하며 말했어.

우리는 마음을 **졸이며** 방문을 열고 방 안에 들어갔어. 그때 갑자기 바람이 불더니 쾅 하는 커다란 소리가 울렸어. 뒤돌아보니 방문이 굳게 **닫혔지** 뭐야. 나와 현수, 민혁이는 온 힘을 다해 방문을 잡아당겼지만 열리지 않았어. 현수가 울음을 터뜨렸어.

"으앙, 어떡해! 우리 여기에 갇혔나 봐!"

나는 얼른 핸드폰을 꺼내 할머니에게 전화했어. 겁에 질린 목소리로 더듬거리며 말했어.

"하, 할머니 우리 갇혔어요! 귀, 귀신 나오는 집인데, 닫혀서 못 나가요."

깜짝 놀란 할머니는 곧 갈 테니 잠시만 기다리라고 하시며 급하게 전화를 끊으셨어. 나와 현수, 민혁이는 서로를 꼭 껴안고 할머니를 기다렸어.

십 분 뒤, 구급차 사이렌 소리와 할머니의 목소리가 들렸어.

"학생들, 기다리세요. 곧 들어갑니다!"

문 앞에서 구급 대원 아저씨가 큰 소리로 외쳤어. 그리고 문이 열렸지.

"**다친** 학생이 누구인가요?"

- **허름하다** 좀 낡은 듯하다.
- **졸이다** 마음이나 가슴, 속 등을 태우는 듯이 초조해하다.
- **닫히다** 열린 문이나 뚜껑, 서랍 등이 다시 제자리로 가게 되다.
- **다치다** 부딪치거나 맞거나 하여 몸이나 몸의 일부에 상처가 생기다.

나는 고개를 갸웃거리며 말했어.

"다친 사람 없는데요? 문이 닫혀서 갇힌 거예요."

할머니는 아무도 다치지 않았다는 사실에 안심하셨어.

㉠"아이고, 내가 잘못 들었구나."

구급 대원 아저씨는 문을 **여닫으며**˙ 말했어.

"어허 참 이상하네요. 문은 잘 열리는데⋯⋯."

㉡구급 대원 아저씨의 말에 나와 민혁이는 서로를 바라보았어. 등 뒤가 오싹해졌어.

* **여닫다** 문 등을 열고 닫고 하다.

 **구조읽기** 빈칸에 알맞은 낱말을 써넣으며 내용을 정리해 보세요.

정답 및 해설 8쪽

나와 현수, 민혁은 밤마다 ❶ ㄱ ㅅ 이 나온다는 빈집에 가 보기로 함.

⬇

저녁 일곱 시에 우리는 산 아래에 있는 허름한 빈집에 도착함.

⬇

바람 때문에 방문이 닫히고, 나는 할머니께 전화해 ❷ ㄷ ㅎ ㅅ 못 나간다고 말함.

⬇

문 앞에 도착한 구급 대원 아저씨가 ❸ ㄷ ㅊ 사람이 누구냐고 물음.

⬇

할머니가 '닫히다'를 '다치다'로 오해하였음이 밝혀짐.

2회독 빈칸을 채우지 못했다면 다시 **꼼꼼히** 읽어요!

1 이 이야기에서 아이들이 귀신 탐험을 하게 된 까닭을 빈칸에 쓰세요.

> 산 아래에 있는 빈집에서 밤마다 귀신이 나온다는 말을 듣고
> ☐☐☐ 이 발동했기 때문에

2 이 이야기에서 일이 일어난 차례대로 번호를 쓰세요.

> ① 나는 동생 현수, 사촌 민혁이와 함께 빈집에 찾아간다.
> ② 방 안에 들어가자 바람이 불면서 방문이 쾅 하고 닫힌다.
> ③ 우리가 다치지 않은 것을 확인하고 어른들의 오해가 풀렸다.
> ④ 방문이 열리지 않자, 나는 할머니께 전화로 도움을 요청한다.
> ⑤ 구급 대원이 와서 방문을 열어 주고, 다친 사람이 있는지 묻는다.

(   ) ➡ (   ) ➡ (   ) ➡ (   ) ➡ (   )

3 ㉠에 대해 바르게 이야기한 친구의 이름을 쓰세요.

> 은아: 아이들의 목소리가 작아서 말을 제대로 알아듣지 못했다는 뜻이야.
> 희서: 아이들이 낱말을 잘못 말해서 말의 내용을 이해하지 못했다는 뜻이야.
> 준우: 아이들이 말한 낱말을 소리가 비슷한 다른 낱말로 오해했다는 뜻이야.

(   )

4 빈칸에 들어갈 낱말로 알맞은 것을 찾아 선으로 이으세요.

(1) 우리는 마음을 ☐☐☐ 방문을 열고 방으로 들어갔어.

- ① 조리며
- ② 졸이며

(2) 할머니는 아무도 ☐☐☐ 않았다는 사실에 안심하셨어.

- ① 다치지
- ② 닫히지

5 ㉮에서 알 수 있는 인물의 마음으로 알맞은 것은 무엇인가요? (   )

① 슬프다.   ② 두렵다.   ③ 화나다.
④ 부끄럽다.   ⑤ 안타깝다.

6 ㉯로 보아 '나'와 민혁이가 나누게 될 대화 내용으로 알맞은 것의 번호를 쓰세요.

(1)
> 나: 분명히 문이 안 열렸잖아. 아무래도 귀신이 있는 것 같지?
> 민혁: 맞아, 귀신이 문을 잠근 게 분명해. 너무 무섭다!

(2)
> 나: 오늘 방안에 갇힌 일은 정말 무서웠어. 하지만 우리 모두 무사해서 다행이야.
> 민혁: 맞아, 구급 대원 아저씨께 정말 감사해야겠어.

(   )

> 📎 내가 이야기의 주인공이라고 상상하고 일기를 써 보세요.

7 보기의 낱말을 두 가지 이상 사용하여 이야기 속 인물이 겪은 일을 일기로 써 보세요.

┤ 보기 ├
갔다 / 같다   졸이다 / 조리다
다치다 / 닫히다   걸음 / 거름

20○○년 ○○월 ○○일   날씨: 구름이 많고 바람 부는 날

_____

_____

_____

_____

04 인물이 처한 상황과 마음

이야기에서 어떤 상황을 겪는 사람을 인물이라고 해요. 이야기 속 상황과 인물의 마음은 서로 긴밀히 관련되어 있어요. 상황에 따라 달라지는 인물의 마음을 짐작하며 읽어 보아요.

✦ 인물이 처한 상황과 마음

• 이야기의 상황에 따라 인물이 느끼는 기분을 인물의 마음이라고 함.

• 이야기 속 인물의 말과 행동을 통해 인물의 상황과 그에 따른 인물의 마음을 알 수 있음.

• 인물의 마음을 알면 이야기가 어떻게 흘러가는지 알기 쉬움.

개념 확인

확인 문제를 풀어 보며 개념을 익혀요.

1~5 **다음 상황과 어울리는 마음을 나타내는 말을 찾아 선으로 이으세요.**

1 선생님의 말씀이 시작되자 졸음이 쏟아졌다. •

• ① 기쁘다.

2 "어쩌면 좋아, 새끼 고양이가 혼자서 길에서 울고 있어." •

• ② 다행이다.

3 "찾았다! 잃어버린 줄 알았는데 책상 서랍 속에서 있었네." •

• ③ 부끄럽다.

4 민수를 좋아하는 마음을 민수에게 들켜 버렸다. •

• ④ 안쓰럽다.

5 생일 선물로 받은 곰 인형을 들고 펄쩍펄쩍 뛰었다. •

• ⑤ 따분하다.

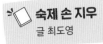
숙제 손 지우
글 최도영

숙제 손 지우

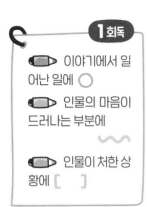

삐비빅삑빅, 띠리링.

문이 열리는 소리가 났어요. 하지만 지우는 모른 척하며 눈을 감고 소파에 누워 있었지요. 엄마가 먼저 불러 주기를 기대하면서.

"아들!"

됐어요. 이제 지우는 겨우겨우 눈을 뜨고 힘겹게 말할 생각이에요. "엄마, 나 넘어져서 다쳤어."라고요. 그런데 엄마가 빠르게 말을 이었어요.

"숙제 있니?"

엄마는 지우에게 등을 돌린 채 지우 책가방을 뒤적였어요. 지우는 발칵 성이 나서 저도 모르게 몸을 일으키며 외쳤어요.

㉯"나 다쳤어! 무릎을 움직일 수가 없다고!"

말을 뱉고 보니 마음에 좀 걸렸어요. 사실 그 정도는 아니거든요. 하지만 이렇게 말하지 않으면 엄마는 숙제 이야기만 할 것 같았지요. 엄마가 찔끔하며 놀랐어요.

"뭐? 왜?"

"축구 반에서 뛰다가 엎어졌다고!"

㉠지우는 씩씩거리며 엄마 눈앞에 무릎을 들이밀었어요. 팬티 바람이어서 바지를 걷을 필요가 없었어요. 엄마는 지우 무릎에서 보일 듯 말 듯 그어진 두어 개의 실금을 보았어요. 그걸 보니 어이가 없었지요.

"겨우 조금 긁힌 거 같고 **엄살˚**은! 괜히 **핑계˚** 대지 말고 숙제부터 해. 2학년이 됐으면 알아서 좀 해라. 한 시간 동안 푹 쉬었지? 이제 엄마 왔으니 얼른얼른 움직여!"

지우는 학교를 다니고, 엄마는 직장을 다녀요. 지우가 학교 수업, 방과 후 수업, 학원 수업까지 마치고 집에 오면 오후 다섯 시 반쯤 되지요. 엄마가 퇴근해서 오는 시간은 여섯 시 반 정도예요. 처음에 엄마는 그 한 시간 사이에 숙제를 해 놓으라고 했었어요. 그때 지우는 **볼멘소리˚**로 이렇게 대꾸했어요.

"얼마나 힘든 줄 알아? 나도 좀 쉬어야 할 것 아니야."

• **엄살** 아프거나 괴롭다고 거짓으로 꾸미거나 실제로 부풀리는 태도나 말.

• **핑계** 하고 싶지 않은 일을 피하거나 사실을 감추려고 다른 일을 내세움.

• **볼멘소리** 서운하거나 성이 나서 퉁명스럽게 하는 말투.

지우의 말을 듣고 엄마는 잠시 기가 막혔지만 **인심**˙을 쓰기로 했어요.

"좋아. 그 대신 엄마 올 때까지만 쉬고, 엄마 오면 바로 숙제하기야."

지우는 그것도 싫었어요. 하루 종일 바빴는데 쉬는 건 겨우 한 시간이라니요. 그래도 평소 같으면 숙제하라는 말에 책과 공책을 챙겨 주방 식탁에 앉았을 거예요. 비록 엄마 뒤통수와 엉덩이만 보더라도 가까이 있고 싶으니까요. 하지만 오늘은 달라요. 아까 뛰다가 엎어졌을 때 얼마나 놀라고 아팠는지 몰라요. 그런데 엄마는 어쩌면 저리도 **무심하게**˙ 숙제하라는 말만 하는지⋯⋯. 지우는 자기 방으로 들어가 문을 닫아버렸어요.

- **인심**(人 사람 인, 心 마음 심) 남의 딱한 처지를 헤아려 알아주고 도와주는 마음.

- **무심**(無 없을 무, 心 마음 심)**하다** 어떤 일이나 사람에게 관심을 두거나 걱정하지 않다.

구조 읽기 빈칸에 알맞은 낱말을 써넣으며 내용을 정리해 보세요.

정답 및 해설 10쪽

지우가 넘어져서 다친 걸 모르는 엄마가 지우에게 ❶ ㅅ ㅈ 있냐고 물어봄.

⬇

지우가 엄마에게 성을 내며 다친 무릎을 들이밂.

⬇

엄마가 지우에게 엄살이라며 ❷ ㅍ ㄱ 대지 말고 숙제부터 하라고 말함.

⬇

지우는 평소 엄마가 퇴근해서 집에 올 때까지만 쉬고 엄마가 보면 바로 숙제를 했었음.

⬇

엄마가 ❸ ㅁ ㅅ 하게 숙제하라는 말만 하자, 지우는 자기 방으로 들어가 문을 닫음.

2 회독 빈칸을 채우지 못했다면 다시 **꼼꼼히** 읽어요!

1 지우가 오늘 평소와 다르게 행동한 까닭을 빈칸에 쓰세요.

> 엄마가 다쳐서 놀라고 아팠던 자기 마음을 알아주지 않고 □□ 하라는 말만 해서

2 다음 중 가장 먼저 일어난 일은 무엇인가요? (   )

① 엄마는 지우의 무릎에서 두 개의 실금을 보았다.
② 지우가 속상한 마음에 자기 방으로 들어가 문을 닫았다.
③ 엄마가 집에 오자마자 숙제 있냐고 물으며 책가방을 뒤졌다.
④ 지우가 엄마에게 무릎을 들이밀며 뛰다가 엎어졌다고 말했다.
⑤ 엄마가 지우에게 괜히 핑계 대지 말고 숙제부터 하라고 말했다.

3 ㉠에서 짐작할 수 있는 인물의 마음으로 알맞은 것 두 가지는 무엇인가요? (,   )

① 화난 마음   ② 신나는 마음   ③ 두려운 마음
④ 서운한 마음   ⑤ 부끄러운 마음

4 인물의 상황에 어울리는 인물의 마음을 찾아 선으로 이으세요.

(1) 문이 열리는 소리가 났어요. 하지만 지우는 모른 척하며 눈을 감고 소파에 누워 있었지요.   •   • ① 황당한 마음

(2) 엄마는 지우 무릎에서 보일 듯 말 듯 그어진 두어 개의 실금을 보았어요. 그걸 보니 어이가 없었지요.   •   • ② 기대하는 마음

5 이 이야기의 지우와 비슷한 경험을 한 친구의 이름을 쓰세요.

짝이 잃어버린 물건을 내가 대신 찾아줘서 뿌듯했던 일이 있어. — 도하

동생이 나를 놀려서 싸웠는데, 엄마가 나만 혼내서 속상했던 경험이 있어. — 유나

숙제를 안 해서 조마조마했는데 다행히 검사하지 않아서 마음이 놓였던 적이 있어. — 우주

(   )

6 지우의 마음을 고려하여, ㉠처럼 말한 지우에게 해 줄 말로 알맞은 것은 무엇인지 번호를 쓰세요

① 거짓말을 하고도 아무렇지 않은 척하는 것은 나쁜 행동이니까 거짓말은 하지 않도록 해.
② 엄마의 관심이 필요해서 증상을 심하게 말한 거구나. 엄마의 관심과 사랑이 필요하다고 솔직하게 말해 봐.

(   )

인물의 입장이 되어 보면, 인물의 상황과 마음을 잘 이해할 수 있어요.

7 다음 상황에 어울리는 지우와 엄마의 말과 행동을 써 보세요.

상황	지우가 엄마와 말다툼을 벌인 뒤, 방으로 들어간 상황
지우의 말	예
지우의 행동	예
엄마의 말	예
엄마의 행동	예

05 소개하는 글의 특징

〈내 동생을 소개해요〉
박지유
동생의 이름은 감자예요.
감자는 털이 감자처럼
노랗고, 몸도 둥글둥글해요.
흙에서 노는 걸 아주
좋아해요.

지유야! 감자 너무 귀엽다.
나도 포메라니안 키워.

정말?
네 동생도 보고 싶다!

개념
사전

소개하는 글에는 어떤 대상에 대한 자세한 설명이 담겨 있어요. 소개하는 글에서 소개하는 대상의 특징이 무엇인지 살펴보며 글을 읽어 보아요.

✦소개하는 글의 특징

- 사람, 동물, 물건 등의 대상을 다른 사람에게 알려 줌.
- 소개하려는 대상의 특징을 잘 드러내야 함.
- 대상의 특징에는 이름, 모습, 성격, 물건의 쓰임, 소리, 크기, 색깔, 냄새, 맛, 만졌을 때 느낌 등이 있음.

확인 문제를 풀어 보며 개념을 익혀요.

1~4 다음 글에서 소개하는 대상을 보기에서 골라 번호를 쓰세요.

┤ 보기 ├
① 내 동생　　② 우리 학교　　③ 우리 집 강아지　　④ 내가 아끼는 인형

1

　내 동생의 이름은 강민수이고, 여섯 살이에요. 민수는 키가 작고 귀여운 얼굴을 가졌어요. 민수는 아주 활발한 개구쟁이랍니다.

(　　　　)

2

　포포는 부드러운 갈색 털의 작은 곰 인형이에요. 나는 잠들기 전에 항상 포포를 안고 자요. 포포를 안으면 마음이 편안해지거든요.

(　　　　)

3

　우리 집 강아지 복실이는 세 살 된 몰티즈예요. 털은 하얗고, 눈은 갈색이에요. 복실이는 나를 볼 때마다 꼬리를 흔들며 반갑게 인사해요.

(　　　　)

4

　우리 학교에는 커다란 놀이터가 있어서 친구들과 신나게 놀 수 있어요. 도서관에는 다양한 책이 두루 갖춰져 있어요. 그래서 책을 좋아하는 친구들에게는 천국이에요.

(　　　　)

우리 마을을 소개합니다

1회독

🖍 소개하는 대상에 ◯

🖍 소개하는 대상의 특징에 〜

🖍 이 글을 쓴 목적에 [　]

　자랑할 것이 많은 우리 마을을 소개할게요. 먼저 우리 마을은 새콤달콤하고 맛있는 사과가 아주 유명해요. 그래서 마을 곳곳에 사과 농장이 매우 많아요. 봄이 오면 사과에서 하얗게 꽃이 피고, 그 꽃향기가 마을을 가득 채워요. 여름에는 뜨거운 햇살을 받고 푸른 사과 열매가 무럭무럭 자라요. 가을은 우리 마을이 가장 아름다운 계절이에요. ㉠빨갛게 익은 사과가 나무마다 주렁주렁 매달려 서로 모습을 뽐내거든요. 이때는 우리 마을이 가장 바쁜 시기이기도 해요.

　우리 마을 사람들은 서로 도우며 생활해요. 사과나무의 가지치기부터 잡초 뽑기, 사과 따기, 포장하기 등 각 사과 농장에서 필요한 일들을 모여서 함께해요. 이야기를 주고받으며 일하다 보면 힘든 일도 거뜬히 해낼 수 있어요. 또 ㉡어려운 일이 생기면 서로 도와요. 아픈 사람이 있으면 음식을 가져다주거나 병원에 데려다줘요. 이렇게 서로 돕는 우리 마을 사람들은 커다란 가족과 같아요.

　우리 마을은 **벽화°**로도 유명해요. ㉢많은 사람이 도시로 떠나면서, 우리 마을에는 빈집이 늘었어요. 마을 사람들은 이 문제를 해결하려고 머리를 맞대고 고민했어요. 이 과정에서 빈집과 마을의 모든 집에 벽화를 그리게 되었어요. 벽화에는 마을의 자랑인 사과나무와 마을 사람들의 모습을 담았어요. 이웃 미술 대학의 언니 오빠들과 마을 사람들이 같이 색칠하고, 어린이들은 손바닥 찍기도 하며 벽화를 완성하였어요. 벽화는 입에서 입으로 전해지며 유명해졌어요. 덕분에 요즘 우리 마을은 많은 사람이 찾아오는 **명소°**가 되었어요.

　또 우리 마을에서는 매달 첫 번째 토요일에 벼룩시장이 열려요. 사용하지 않는 물건들을 사고팔고, 먹거리 **장터°**도 열려요. 방문객을 위해 마을에서 생산되는 사과와 사과즙도 판매해요. 더불어 영화 상영이나 공연 등 다양한 행사를 열기도 해요. 이날은 ㉣우리 마을 사람뿐 아니라 누구나 참여하며 즐길 수 있는 축제의 날이에요.

● **벽화**(壁 벽 벽, 畵 그림 화) 벽에 장식으로 그린 큰 그림.

● **명소**(名 이름 명, 所 바 소) 아름다운 경치나 유적, 특산물 등으로 유명한 장소.

● **장터** 많은 사람이 모여 물건을 사고파는 장이 서는 곳.

이처럼 우리 마을은 아름다운 자연과 따뜻한 사람들, 그리고 다양한 문화가 **어우러진** 곳이에요. 우리 마을이 궁금하다면 한번 놀러 오세요. 아름다운 벽화와 커다란 사과나무들이 여러분을 반갑게 맞이할 거예요!

● **어우러지다** 여럿이 모여 한데 합치거나 한 덩어리나 한 판을 이루다.

구조 읽기 빈칸에 알맞은 낱말을 써넣으며 내용을 정리해 보세요.

정답 및 해설 12쪽

처음	우리 마을은 ❶ ㅅ ㄱ 로 유명한 마을임.
가운데	• 우리 마을 사람들은 서로 도우며 생활함. • 우리 마을은 ❷ ㅂ ㅎ 로도 유명함. • 우리 마을에서는 매달 첫 번째 토요일에 ❸ ㅂ ㄹ ㅅ ㅈ 이 열림.
끝	우리 마을은 아름다운 자연과 따뜻한 사람들, 다양한 문화가 어우러진 곳임.

2회독 빈칸을 채우지 못했다면 다시 **꼼꼼히** 읽어요!

1 이 글은 무엇을 소개하는 글인지 쓰세요.

☐☐ ☐☐

2 우리 마을의 자랑거리가 <u>아닌</u> 것은 무엇인가요? (   )

① 빈집   ② 벽화   ③ 사과
④ 벼룩시장   ⑤ 마을 사람들

3 이 글을 누구에게 읽어 주면 좋을지 알맞게 이야기한 친구에 모두 ○표 하세요.

(1) 우리 마을의 주민들에게 소개하면 좋을 것 같아요.

(   )

(2) 우리 마을을 방문하는 관광객에게 안내하면 좋을 것 같아요.

(   )

(3) 농촌에 대해 잘 모르는 도시 아이들에게 읽어 주면 좋을 것 같아요.

(   )

4 소개하는 대상에 알맞은 소개하는 내용을 찾아 선으로 이으세요.

(1) 마을의 자연 •

• ① 사과 농장 일을 같이하고, 어려운 일이 생기면 서로 도와요.

(2) 마을의 문화 •

• ② 매달 열리는 벼룩시장에서는 먹거리 장터가 열리고, 영화 상영이나 공연 등의 다양한 행사도 해요.

(3) 마을 사람들 •

• ③ 봄에는 하얀 사과꽃이 피고, 여름에는 푸른 사과 열매가 자라고, 가을이면 사과가 빨갛게 익어 아름다워요.

생각과 판단

5 ⑦~② 중에서 **보기**와 관련 있는 것을 찾아 기호를 쓰세요.

┤ 보기 ├

　오래된 빈집을 호텔로 만든 마을이 주목받고 있어요. 이 마을 사람들은 마을에 늘어난 빈집을 호텔과 정원, 카페로 만들기로 했어요. 그래서 지방 자치 단체의 도움을 받아 새로운 공간으로 탄생시켰어요. 덕분에 이 마을은 자연의 아름다움을 느끼며 쉴 수 있는 명소가 되었어요. 많은 사람이 마을을 찾아오고 있답니다.

(　　　　　　　　)

6 이 글의 내용을 바탕으로 우리 마을 홍보 포스터를 만들 때 알맞은 것에 ○표 하세요.

(1)

자연과 함께하는
목장 나들이!

(　　　　　)

(2)

맛있는 사과와
따뜻한 사람들이 있는
마을로 놀러 오세요!

(　　　　　)

달콤한 생각 펼치기

내가 좋아하는 친구를 떠올려 소개해 보세요.

7 보기의 내용을 세 가지 이상 사용하여 친구를 소개하는 글을 써 보세요.

┤ 보기 ├

이름　　　생김새　　　성격　　　좋아하는 것　　　잘하는 것

내 친구를 소개합니다. 내 친구 이름은

_____

_____

_____

2⁺주차 에서 우리는

06 시의 글감

글감은 글의 내용이 되는 재료로, 모든 글의 바탕이 되는 것이에요. 시에도 글감이 쓰여요. 시의 글감은 말하는 이의 경험과 긴밀하게 관련되어 있어요.

✦시의 글감

• 시를 쓰는 대상이 되는 재료로 경험한 일에 관한 생각이나 느낌이 시의 글감이 됨.

• 대상에 대해 표현하려는 생각이나 느낌과 관련된 글감이 시의 제목이 될 수 있음.

확인 문제를 풀어 보며 개념을 익혀요.

1~5 **다음 시를 읽고 시의 글감으로 알맞은 것을 찾아 선으로 이으세요.**

1

다람다람 다람쥐
알밤 줍는 다람쥐

· ·

① 솜사탕

2

까꿍 여기 숨었나
까꿍 저기 숨었나
못 찾겠다 숨바꼭질

· ·

② 다람쥐

3

하얀 눈처럼
희고도
깨끗한 솜사탕

· ·

③ 숨바꼭질

4

한밤중 깊은 산속
맑은 옹달샘에
달님이 찾아왔네

· ·

④ 비행기

5

훨훨 나는 새들처럼
나는 항상 날고 싶은 비행기

· ·

⑤ 옹달샘

참 좋은 짝
글 손동연

종이접기

1회독

🖊 아이가 종이로
만든 것에 ◯

🖊 중심 글감에 〰

🖊 아이의 마음이
나타난 부분에 [ ]

나비와 놀고픈
종이가 있었어요.
아이는 얼른
종이꽃을 접어 주었지요.

바다로 가고픈
종이가 있었어요.
아이는 얼른
종이배를 접어 주었지요.

하늘을 날고픈
종이가 있었어요.
아이는 얼른
종이학을 접어 주었지요.

그런데 아이에게
고민˚이 생겼어요.
"다시 나무가 되고픈
종이는 어떡하지?"

● **고민**(苦 괴로울 고, 悶 번민
할 민) 걱정거리가 있어 괴
로워하고 답답해하는 것.

44 달콤한 문해력 기본서 **2단계**

정답 및 해설 14쪽

구조 읽기 빈칸에 알맞은 낱말을 써넣으며 내용을 정리해 보세요.

① ㅈ ㅇ 접기	**1연** 종이꽃	아이는 나비와 놀고 싶은 종이를 종이꽃으로 접어 줌.
	2연 ② ㅈ ㅇ ㅂ	아이는 바다로 가고 싶은 종이를 종이배로 접어 줌.
	3연 종이학	아이는 하늘을 날고 싶은 종이를 종이학으로 접어 줌.
	4연 ③ ㄱ ㅁ	아이는 종이가 다시 나무가 되고 싶으면 어떻게 해야 할지 고민이 생김.

2 회독 빈칸을 채우지 못했다면 다시 꼼꼼히 읽어요!

1 이 시의 아이가 나비와 놀고 싶어 하는 종이를 위해 해 준 일로 알맞은 것에 ○표 하세요.

(1) 종이꽃을 접어 주었다.　（　　　　）

(2) 종이배를 접어 주었다.　（　　　　）

(3) 종이학을 접어 주었다.　（　　　　）

2 이 시의 아이에게 생긴 고민은 무엇인가요? （　　　　）

① 종이가 나비와만 놀까 봐 고민이다.

② 종이가 바다로 가서 젖을까 봐 고민이다.

③ 종이가 하늘을 날고 싶다고 할까 봐 고민이다.

④ 종이접기를 잘하고 싶은데 잘 접지 못해서 고민이다.

⑤ 종이가 다시 나무가 되고 싶을 때 어떡해야 할지 고민이다.

3 이 시의 중심 글감은 무엇인가요? （　　　　）

① 뱃놀이　　　　② 종이접기　　　　③ 일기 쓰기

④ 그림 그리기　　⑤ 숲속 나들이

4 이 시와 글감이 같은 것에 ○표 하세요.

(1)
　학교에서 색종이로 종이접기를 했다. 선생님께서 꽃과 잎 접는 방법을 알려 주셨다. 알록달록 종이꽃을 만들어 붙이고, 배경도 색칠하니 멋진 봄 동산이 완성되었다.

（　　　　）

(2)
돌다리에 앉아서
종이배를 띄운다
까닥까닥
동동동
꽃잎 실은 종이배
지금은 어디만큼
떠 가고 있는지

– 김삼진, 「종이배」

（　　　　）

5 이 시를 읽은 뒤의 생각이나 느낌으로 알맞지 <u>않은</u> 것의 번호를 쓰세요.

> ① 아이는 나무가 될 수 없는 종이가 한심했을 거야.
> ② 앞뒤 글자 수가 비슷하게 맞춰져서 노래하는 느낌이 들어.
> ③ 물건인 종이를 살아 있는 것처럼 상상하는 장면이 흥미로워.

(   )

> 시의 글감과 어울리는 낱말을 써서 시의 내용을 바꾸어 보세요.

6 다음 글감에 어울리는 내용을 담아 이 시의 일부를 바꿔 써 보세요.

> 글감: 그림 그리기

그림 그리기

고양이와 놀고픈
종이가 있었어요.
아이는 얼른

우주로 가고픈
종이가 있었어요.
아이는 얼른

07 정보를 전달하는 글을 읽는 이유

정보를 전달하는 글에는 다양한 지식과 정보가 담겨 있어요. 정보를 전달하는 글에서 새롭게 알게 된 정보가 무엇인지 찾아보며 글을 읽도록 해요.

✛정보를 전달하는 글

- 지식이나 정보를 사실대로 전달하는 글.
- 정보를 전달하는 글에는 설명서, 안내문, 수학이나 과학 원리를 설명하는 글 등이 있음.

✛정보를 전달하는 글을 읽는 이유

- 설명하는 대상에 대한 지식을 얻기 위해서 읽음.
- 일상생활에 직접 도움이 되는 정보를 얻기 위해서 읽음.

1~3 **다음 글을 읽고 글에서 알 수 있는 정보로 알맞은 것에 ○표 하세요.**

1

> 어린이 보호 구역은 학교 주변에서 어린이들이 안전하게 다닐 수 있도록 법으로 정한 구역이다. 어린이 보호 구역에서 자동차는 천천히 달려야 한다. 또 어린이 보호 구역에는 자동차를 세워 놓을 수 없다.

(1) 어린이 보호 구역에서 자동차는 천천히 달려야 한다. (   )
(2) 어린이 보호 구역에서 어린이는 자전거를 타고 다녀도 된다. (   )

2

> 자기가 좋아하는 음식만 먹는 것을 편식이라고 한다. 음식을 골고루 먹지 않으면 영양소가 부족해진다. 영양소가 부족하면 성장기 어린이는 키가 잘 자라지 않는다. 또 면역력이 떨어져 건강이 나빠진다.

(1) 편식하면 영양소가 부족해서 면역력이 떨어진다. (   )
(2) 편식하는 음식을 다른 방법으로 요리해서 먹어 본다. (   )

3

> 땅속에 사는 생물들은 어떻게 살아갈까? 땅속에 사는 생물들은 땅속에서 살기 편한 몸의 구조를 지니고 있다. 예를 들어 두더지는 땅속에 굴을 파는 데 필요한 긴 발톱이 있다. 지렁이는 구부렸다 펴며 땅속에서 움직일 수 있는 부드럽고 긴 몸을 지녔다.

(1) 땅속 동물들이 먹이를 찾는 방법 (   )
(2) 땅속 동물들의 특이한 몸의 구조 (   )

컵라면에 숨은 과학

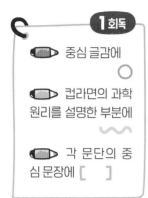

1회독

🔖 중심 글감에 ⭕

🔖 컵라면의 과학 원리를 설명한 부분에 〰️

🔖 각 문단의 중심 문장에 [　]

1 우리는 갑자기 배가 고플 때나 나들이를 갈 때, 라면 대신 컵라면을 먹어요. 컵라면은 뜨거운 물을 부어 짧은 시간 동안 **조리하는**˚ 간편한 라면이에요. 컵라면은 편리해서 많은 사람이 자주 찾지요.

2 컵라면은 1971년 라면 회사에서 일하던 안도 모모후쿠가 발명하였어요. 모모후쿠는 미국에 출장 갔을 때, 냄비가 없어 라면을 어떻게 먹을지 고민하는 사람들을 보았어요. 그들은 종이컵에 뜨거운 물을 부어 면을 불려 먹었어요. 이 모습을 본 모모후쿠는 연구를 거듭하여 컵라면을 만들었어요.

3 컵라면의 면은 빠르게 익도록 만들어졌어요. 컵라면의 면은 굵기가 일반 라면보다 얇고, 면에 미세한 구멍이 있어요. 그래서 면이 뜨거운 물을 빠르게 흡수하여 금방 익어요. 또 면을 자세히 살펴보면, 위쪽은 촘촘하고 아래쪽은 듬성듬성하게 **배열**˚되어 있어요. 이렇게 하면 뜨거운 물이 위쪽까지 잘 전달되어, 면이 골고루 익어요. 이것은 뜨거운 물이 아래에서 위로 이동하는 원리를 이용한 것이에요. 마지막으로 면을 만들 때 컵라면은 밀가루를 많이 넣는 일반 라면과 달리 감자나 옥수수로 만든 **전분**˚을 많이 넣어요. 밀가루보다 전분이 더 빨리 익기 때문이에요.

- **조리**(調 고를 조, 理 다스릴 리)**하다** 여러 재료를 이용하여 음식을 만들다.

- **배열**(配 짝 배, 列 벌릴 열) 여럿을 일정한 차례로 죽 벌여 놓는 것.

- **전분**(澱 찌끼 전, 粉 가루 분) 감자, 고구마 등을 갈아서 가라앉힌 앙금을 말린 가루.

- **휴대**(携 가질 휴, 帶 띠 대) 어떤 물건을 손에 들거나 몸에 지니고 다님.

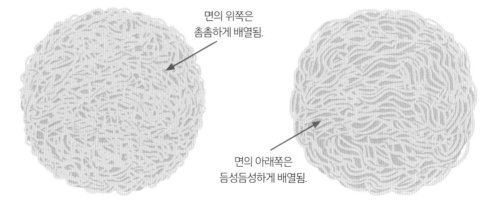

면의 위쪽은 촘촘하게 배열됨.

면의 아래쪽은 듬성듬성하게 배열됨.

▲ 컵라면의 면에 숨은 과학 원리

4 컵라면 그릇은 **휴대**˚가 간편하고 ㉠보온이 뛰어나요. 컵라면 그릇은 가벼운 종이로 만들어요. 그래서 어디든 가지고 다니기 편해요. 또 얇은 종이를 여러 번 겹쳐서 만들어서, 뜨거운 물이 오랫동안 식지 않아요. 그릇 모양을 위쪽은 넓고 아래쪽은 좁게 만드는데 이러한 모양은 그릇 아

▲ 컵라면 그릇에 숨은 과학 원리

래쪽에 공간을 만들어 면을 그릇 가운데 떠 있게 해요. 그래서 뜨거운 물이 위로 이동하면서 면이 골고루 익게 도와주지요.

5 이처럼 컵라면에는 다양한 과학의 **원리**°가 숨어 있어요. 덕분에 우리는 언제 어디에서나 컵라면을 맛있게 먹을 수 있지요. 이제부터는 컵라면을 먹기 전에 컵라면에 담긴 과학의 원리를 먼저 살펴보세요. 알고 먹으면, 두 배로 맛있는 컵라면을 즐길 수 있을 거예요.

● **원리**(原 근원 원, 理 다스릴 리) 기본이 되는 이치나 법칙.

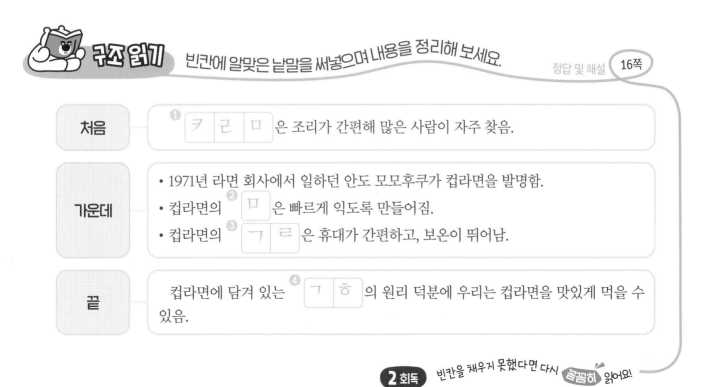

구조 읽기 빈칸에 알맞은 낱말을 써넣으며 내용을 정리해 보세요.

정답 및 해설 16쪽

처음	❶ ㅋ ㄹ ㅁ 은 조리가 간편해 많은 사람이 자주 찾음.
가운데	• 1971년 라면 회사에서 일하던 안도 모모후쿠가 컵라면을 발명함. • 컵라면의 ❷ ㅁ 은 빠르게 익도록 만들어짐. • 컵라면의 ❸ ㄱ ㄹ 은 휴대가 간편하고, 보온이 뛰어남.
끝	컵라면에 담겨 있는 ❹ ㄱ ㅎ 의 원리 덕분에 우리는 컵라면을 맛있게 먹을 수 있음.

2회독 빈칸을 채우지 못했다면 다시 꼼꼼히 읽어요!

1 이 글은 무엇에 대해 쓴 글인가요? (   )

① 라면의 종류와 조리법
② 컵라면의 종류와 조리법
③ 라면의 발명 이야기와 과학 원리
④ 라면과 컵라면의 공통점과 차이점
⑤ 컵라면의 발명 이야기와 과학 원리

2 ㉠의 까닭을 알맞게 말한 친구의 이름을 쓰세요.

> 서연: 가벼운 종이로 만들었기 때문이야.
> 준호: 얇은 종이를 여러 번 겹쳐서 만들었기 때문이야.
> 성진: 모양이 위쪽은 넓고 아래쪽은 좁게 만들었기 때문이야.

(   )

3 이 글처럼 정보를 전달하는 글을 읽는 이유로 알맞은 것에 ○표 하세요.

(1) 자신을 반성하고 돌아볼 수 있다.

(2) 다른 사람의 마음을 이해하고 공감할 수 있다.

(3) 몰랐던 사실이나 일상생활에 유익한 정보를 얻을 수 있다.

(   )   (   )   (   )

4 이 글을 읽고 컵라면에 관한 정보를 정리한 것입니다. 빈칸에 알맞은 말을 쓰세요.

컵라면에 숨은 과학

(1) [   ]
• 굵기가 얇다.
• 미세한 구멍이 있다.
• 위쪽은 촘촘하고, 아래쪽은 듬성듬성하게 만든다.

(2) [   ]
• 가벼운 종이로 만든다.
• 얇은 종이를 여러 번 겹쳐 만든다.
• 모양이 위쪽은 넓고 아래쪽은 좁다.

5 이 글의 **①~⑤** 중에서 **보기**와 관련이 있는 문단을 찾아 번호를 쓰세요.

┤ **보기** ├

　　라면의 면은 일반 국수와 다르게 꼬불꼬불해요. 면이 꼬불꼬불하면 좁은 공간에 더 많은 면을 담을 수 있어요. 또 면이 부서지는 것을 막아 주지요. 그리고 국물이 면에 골고루 닿아, 면이 잘 익고 맛도 잘 배요.

(　　　　　　　　)문단

정보를 전달할 때는 자신의 생각이나 의견을 넣지 않아요.

6 보기의 내용을 참고하여 '컵라면 분리수거 방법'에 대한 정보를 전달하는 글을 써 보세요.

┤ **보기** ├

컵라면 분리수거

컵라면 그릇

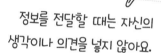

① 라면 국물이 배어 있으면 그릇 재질에 상관없이 재활용이 어려움.

② 일반쓰레기 봉투에 담아 버림.

컵라면 뚜껑: 비닐 또는 플라스틱 재질별로 분리하여 버림.

음식물: 음식물쓰레기 봉투에 담아 버림.

컵라면을 분리수거 하는 방법은 _____

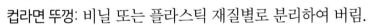

_____

_____

08 글자와 다르게 **소리** 나는 **낱말**

겹받침이 쓰인 낱말은 글자와 다르게 소리가 나요. 겹받침을 올바르게 읽는 방법을 알면, 다른 사람과 대화할 때 오해를 줄일 수 있어요.

✦ 겹받침

• 서로 다른 두 개의 자음으로 이루어진 받침.

• 'ㄳ', 'ㄵ', 'ㄶ', 'ㄺ', 'ㄻ', 'ㄼ', 'ㄾ', 'ㅄ' 등이 있음.

• 'ㄹ'이 포함되지 않은 겹받침은 두 개의 겹받침 중 앞에 것을 읽음.

　예 겹받침 'ㄳ'은 첫 번째 자음 'ㄱ'만 발음함. 몫이 → [목씨]

　　겹받침 'ㄵ'은 첫 번째 자음 'ㄴ'만 발음함. 앉아 → [안자]

　　겹받침 'ㄶ'은 첫 번째 자음 'ㄴ'만 발음함. 많이 → [마니]

확인 문제를 풀어 보며 개념을 익혀요.

| 1~5 | **다음 문장을 읽고 밑줄 친 낱말을 바르게 읽은 것에 ○표 하세요.** |

1 풍선 줄이 <u>끊어져</u>[끄너저, 끈어저] 멀리 날아갔다.

2 누나는 밥에 달걀을 <u>얹은</u>[언은, 언즌] 후 쓱쓱 비볐다.

3 고양이는 담벼락 아래에 <u>앉아</u>[안자, 안아] 낮잠을 자고 있었다.

4 우리는 줄다리기에서 각자 <u>몫을</u>[목을, 목쓸] 다하려고 열심히 노력했다.

5 아빠는 튼튼해지려면 채소를 <u>많이</u>[만히, 마니] 먹어야 한다고 말씀하셨다.

그림책 미술관을 다녀와서

1회독

- 글쓴이가 견학한 장소에 ◯
- 글자와 다르게 소리 나는 낱말에 〰️
- 가장 좋았던 체험에 [　　]

엄마, 동생과 함께 그림책 미술관을 **견학하였어요.** 엄마는 ㉠책과 미술을 한자리에서 만날 수 있는 특별한 경험이 될 거라고 말씀하셨지요. 지하철을 타고 가는 동안 동생과 나는 그림책 미술관이 어떤 곳일지 상상하며 이야기를 나누었어요.

미술관에는 많은 그림책이 **전시**되어 있었어요. 커다란 책, 동그란 모양의 책, 글자 없이 그림만 있는 책, 펼칠 때마다 그림이 튀어나오는 책 등을 구경했어요. 신기하고 재미났어요. 전시관 끝에는 그림책을 읽을 수 있는 곳도 있었어요. 그림책을 직접 보고 만질 수 있어서 참 좋았어요. 잠시 후 엄마가 다른 전시관도 가 보자고 하셨어요. 나는 아쉬웠지만 발걸음을 옮겼어요.

다음 전시관은 그림책 속 그림을 그리는 다양한 **재료**를 체험하는 곳이었어요. 목탄, 물감, 색연필 등으로 그림을 직접 그려 보았어요. 나는 목탄이 가장 신기했어요. 엄마가 목탄은 나무를 태워서 만든 숯이라고 알려 주셨어요. 고기 구울 때도 쓴대요. 처음에는 숯으로 그림이 그려질지 걱정했어요. 그런데 힘을 주는 방향이나 세기에 따라 선의 굵은 정도도 달라지고, 색칠도 되는 게 놀라웠어요. 또 물감도 체험했어요. 서로 다른 색의 물감을 섞었더니 또 다른 색이 나오고, 물을 섞으면 진하기가 달라지는 게 재미있었어요.

- **견학**(見 볼 견, 學 배울 학)**하다** 어떤 일과 관련된 곳을 실제로 가서 보고 배우다.
- **전시**(展 펼 전, 示 보일 시) 물건을 잘 벌여 놓고 여러 사람에게 보이는 것.
- **재료**(材 재목 재, 料 되질할 료) 물건을 만들 때 쓰이는 것.

　마지막은 직접 그림책을 만들어 보는 곳에 갔어요. 책상 위에 다양한 색칠 **도구**가 놓여 있었어요. '그림책을 바로 전시해 드립니다.'라고 쓰인 글이 보였지요. 동생과 나는 얼른 책상에 앉아 그림을 그렸어요. 나는 엄마, 아빠와 바닷가에 갔던 경험을 그림과 이야기로 표현했어요. 완성한 그림책을 전시해 주는 곳에 냈어요. 잠시 후 앞에 있던 텔레비전 화면에 그림책이 한 장 한 장 펼쳐졌지요. 나는 정말 **뿌듯했어요.**

　어느덧 돌아갈 시간이 되어 미술관을 나왔어요. 그림책 미술관 견학은 정말 재미났어요. 그림책과 더 가까워졌지요. 내가 직접 그림책을 만든 게 가장 좋았어요. 내 그림과 글이 바로 책이 되다니 멋져요. 다음에 그림책 미술관에 꼭 다시 가고 싶어요.

* **도구**(道 길 도, 具 갖출 구) 일을 할 때 쓰는 연장.
* **뿌듯하다** 만족스러운 느낌이 가득하다.

구조읽기 빈칸에 알맞은 낱말을 써넣으며 내용을 정리해 보세요.

정답 및 해설 18쪽

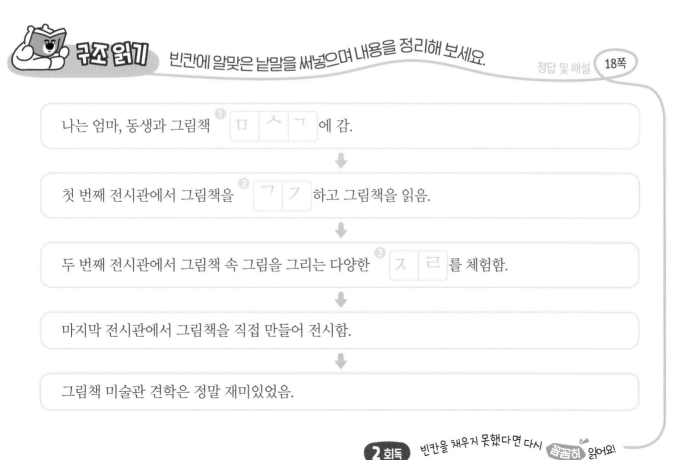

나는 엄마, 동생과 그림책 ① ㅁ ㅅ ㄱ 에 감.

⬇

첫 번째 전시관에서 그림책을 ② ㄱ ㄱ 하고 그림책을 읽음.

⬇

두 번째 전시관에서 그림책 속 그림을 그리는 다양한 ③ ㅈ ㄹ 를 체험함.

⬇

마지막 전시관에서 그림책을 직접 만들어 전시함.

⬇

그림책 미술관 견학은 정말 재미있었음.

2회독 빈칸을 채우지 못했다면 다시 **꼼꼼히** 읽어요!

1 이 글을 쓴 목적은 무엇인가요? (   )

① 원하는 것을 부탁하려고
② 자기 생각을 주장하려고
③ 어떤 일을 자세히 설명하려고
④ 갔던 곳에 대해 경험한 일을 쓰려고
⑤ 책을 읽은 후의 생각과 느낌을 표현하려고

2 이 글에서 글쓴이가 한 일을 차례대로 번호로 쓰세요.

> ① 그림책을 읽었다.
> ② 그림책을 구경하였다.
> ③ 그림책 미술관에 갔다.
> ④ 그림책을 만들어 전시하였다.
> ⑤ 그림 그리는 재료를 체험하였다.

③ ➡ (   ) ➡ (   ) ➡ (   ) ➡ (   )

3 보기의 낱말 중 겹받침이 쓰인 것을 모두 골라 번호를 쓰세요.

┤ 보기 ├
① 갔다   ② 많다   ③ 섞다   ④ 앉다   ⑤ 읽다   ⑥ 있다

(   )

4 다음 밑줄 친 낱말을 바르게 읽은 것을 찾아 선으로 이으세요.

(1) 미술관에는 <u>많은</u> 그림책이 전시되어 있었어요.
· ① [마는]
· ② [만흔]

(2) 동생과 나는 얼른 책상에 <u>앉아</u> 그림을 그렸어요.
· ① [안아]
· ② [안자]

5 글쓴이가 미술관에서 만든 그림책으로 알맞은 것에 ○표 하세요.

(1) 넓은 놀이터가 나와 동생을 반겨 주었어요.

( )

(2) 푸른 바다가 우리 가족을 반겨 주었어요

( )

(3) 푸른 나무들이 우리 가족을 반겨 주었어요.

( )

6 ㉠과 같은 경험을 한 친구는 누구인지 친구의 이름을 쓰세요.

벼룩시장에서 내가 좋아하는 이야기책을 사서 읽었어.

준서

우리 마을의 자연을 탐험한 후 우리 동네 생태 지도를 그렸어.

나연

도서관 행사 때 책을 읽고, 인상 깊은 장면을 가방에 그리는 활동을 했어.

재현

( )

> 내가 견학한 곳에서 보고 들은 일이나 경험한 일을 차례대로 떠올려 정리해 보세요.

7 보기의 낱말 세 가지를 사용하여, 내가 견학한 곳에서 경험하고 느낀 것을 써 보세요.

┤ 보기 ├

많다   앉다   없다

_____

_____

_____

09 이야기의 글감

이야기의 글감은 이야기의 주제와 긴밀하게 관련되어 있어요. 이야기에서 일어난 일과 인물 등을 살펴보며 글감을 찾아보아요.

✦ 이야기의 글감

- 이야기의 재료가 되는 흥미로운 이야깃거리
- 이야기의 주제와 밀접하게 연결되어 있는 글감을 중심 글감이라고 함.

1~3 다음 이야기를 읽고 이야기의 글감을 **보기**에서 골라 쓰세요.

┤ **보기** ├

고기   포도   박씨

1

배고픈 여우가 포도나무에 열린 포도를 보았어요. 그런데 포도는 나무 위에 높이 매달려 딸 수가 없었지요. 여우는 포도를 따려고 힘껏 뛰어올랐지만, 손이 닿지 않았어요. 여우는 포도가 매우 시고 맛도 없을 거라고 투덜거리며 발길을 돌렸어요.

(   )

2

제비가 처마에서 떨어져 다리를 다쳤어요. 흥부가 제비의 다리를 치료해 주었어요. 제비는 흥부에게 보답으로 박씨를 주었지요. 흥부는 박씨를 심었어요. 박씨가 무럭무럭 자라 지붕 위에 박이 열렸어요. 흥부 가족이 박을 따서 열자 엄청난 보물이 나왔어요.

(   )

3

개 한 마리가 입에 고기를 물고 개울 위 다리를 건넜어요. 개는 물 위에 비친 자신의 그림자를 보았어요. 그것을 본 개는 다른 개가 더 큰 고기를 가지고 있다고 생각했어요. 그래서 물속에 비친 개의 큰 고기를 빼앗으려고 짖었어요. 결국 개는 입에 물고 있던 고기를 물에 빠뜨리고 말았어요.

(   )

정답 1 포도 2 박씨 3 고기

우물에 빠진 천문학자

1회독

🖍 이야기에서 일
어난 일에 ⃝

🖍 이야기의 글감
에 〰

🖍 이야기의 주제
가 드러난 부분에
[   ]

저녁만 되면 별들을 보기 위해 밖으로 나가는 **천문학자°**가 있었어요. 그날도 천문학자는 날이 어두워지자마자 하늘을 관찰하기 위해 집을 나섰어요.

"오늘은 하늘이 흐리군. 내일은 비가 올지도 모르겠어."

천문학자는 평소처럼 하늘만 보며 걷고 있었어요. 그러다가 발을 **헛디디며°** 깊은 구덩이로 떨어졌어요. 구덩이는 동네 한가운데 있는 우물이었어요. 처음에 정신없이 **버둥거리던°** 천문학자가 정신을 차리고 일어서니 물은 허리까지밖에 올라오지 않았어요. 물이 깊지 않다는 걸 깨달은 천문학자는 잠시 안심했어요.

"물이 깊지 않아서 정말 다행이군. 그나저나 여길 어떻게 빠져나가지?"

하늘의 모든 걸 아는 천문학자였지만 우물에서 나갈 방법은 떠오르지 않았어요. 시간이 지날수록 천문학자는 두려워졌어요.

"살려 주세요! 사람이 빠져 있어요!"

천문학자가 우물 속에서 소리쳤어요. 그러나 그 소리는 우물 안에서만 울려 퍼질 뿐이었어요. 천문학자는 몸이 점점 떨렸어요. 저녁이라 차가운 물 속이 더 차갑게 느껴졌지요. 이대로 있다가는 큰일 날 것 같은 생각이 들었어요.

㉠"살려 주세요. 사람 살려요!"

천문학자는 다시 소리치기 시작했어요.

그때 근처를 지나가던 농부가 천문학자의 목소리를 듣고 다가왔어요. 농부는 우물에 사람이 빠진 걸 보고 깜짝 놀라 물었어요.

사람 살려!

- **천문학자**(天 하늘 천, 文 글월 문, 學 배울 학, 者 놈 자) 천문학을 연구하는 학자.

- **헛디디다** 발을 잘못 디디다.

- **버둥거리다** 덩치가 큰 것이 매달리거나 눕거나 앉아서 팔다리를 내저으며 계속 움직이다.

"어째서 우물 속에 있는 건가요?"

"너무 춥소. 일단 여기서 나 좀 꺼내주시오."

천문학자의 말에 농부는 밧줄을 가져와 우물 아래로 던졌어요. 천문학자는 농부의 도움으로 우물을 빠져나올 수 있었지요.

"밤에 뭘 하다가 우물에 빠진 건가요?"

농부의 질문에 천문학자가 헛기침하며 **점잖게** 대답했어요.

"별을 보며 하늘의 뜻을 읽다가 물에 빠지게 되었소."

농부는 다시 물었어요.

"⬚ ㉠ ⬚ 을 보느라 ⬚ ㉡ ⬚ 은 보지 못했다는 말인가요?"

"하늘의 뜻을 아는 것은 일생을 바쳐야 할 정도로 중요한 일이오."

그러자 농부는 **한심하다는** 듯 천문학자를 바라보며 말했어요.

"나는 하늘의 뜻을 알지는 못하지만 땅 위에 무엇이 있는지는 알지요. 내가 발 디딜 곳이 흙인지 구덩이인지는 구분할 수 있답니다."

그 말에 천문학자는 부끄러워 고개를 들지 못했답니다.

- **점잖다** 말이나 태도가 예절에 맞고 신중하다.
- **한심**(寒 찰 한, 心 마음 심)**하다** 정도에 너무 지나치거나 모자라서 딱하거나 어이없다.

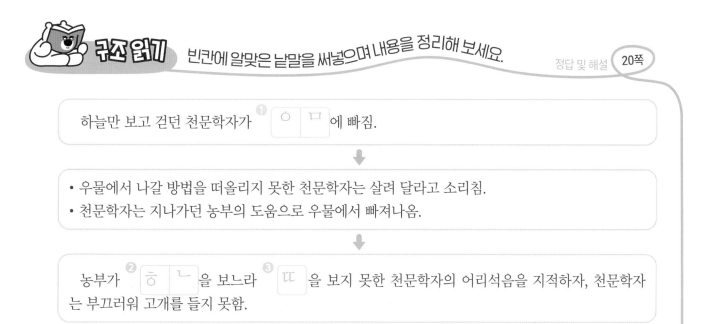

구조 읽기 빈칸에 알맞은 낱말을 써넣으며 내용을 정리해 보세요.

정답 및 해설 20쪽

하늘만 보고 걷던 천문학자가 ❶ ⬚ㅇ ⬚ㅁ 에 빠짐.

⬇

- 우물에서 나갈 방법을 떠올리지 못한 천문학자는 살려 달라고 소리침.
- 천문학자는 지나가던 농부의 도움으로 우물에서 빠져나옴.

⬇

농부가 ❷ ⬚ㅎ ⬚ㄴ 을 보느라 ❸ ⬚ㄸ 을 보지 못한 천문학자의 어리석음을 지적하자, 천문학자는 부끄러워 고개를 들지 못함.

2 회독 빈칸을 채우지 못했다면 다시 **꼼꼼히** 읽어요!

1 이 이야기는 어떤 내용의 글인가요? (   )

① 다른 사람을 설득하는 글이다.

② 어떤 사실을 설명하는 글이다.

③ 글쓴이의 마음을 표현하는 글이다.

④ 이야기를 통해 교훈을 주는 글이다.

⑤ 글쓴이가 실제로 겪은 일을 쓴 글이다.

2 ㉠과 ㉡에 들어갈 말로 알맞은 것은 무엇인가요? (   )

① 땅 - 하늘

② 땅 - 우물

③ 하늘 - 땅

④ 우물 - 땅

⑤ 우물 - 하늘

3 이 이야기의 글감이 뜻하는 것을 찾아 선으로 이으세요.

(1) 땅 •   • ① 중요한 일

(2) 하늘 •   • ② 주변의 일

(3) 우물 •   • ③ 주변을 살피지 못해 겪는 어려움

4 이 이야기의 글감을 통해 알 수 있는 이야기의 주제로 알맞은 것에 ○표 하세요.

(1) 중요한 일에만 매달리고 주변의 일을 살피지 않으면 어려움이 닥친다. (   )

(2) 어려움을 겪고 있는 사람에게 도움을 주면 언젠가는 보상을 받게 된다. (   )

(3) 엄청난 일이 일어난 것처럼 거짓말을 자꾸 하면 진실을 말해도 믿어 주지 않는다. (   )

5 이 이야기가 주는 깨달음을 알맞게 실천한 친구의 이름을 쓰세요.

나는 과학자가 될 거니까, 과학 수업만 열심히 들을 거야.

아린

나는 하고 싶은 게 아무것도 없어. 어떤 수업에도 관심을 두지 않을 거야.

건우

나는 디자이너가 꿈이야. 디자인 공부 뿐만 아니라, 모든 학교 수업을 열심히 듣고 생각의 폭을 넓힐 거야.

소윤

(   )

6 ㉠의 상황과 관련 깊은 속담은 무엇인가요? (   )

① 낫 놓고 기역 자도 모른다.
② 아 해 다르고 어 해 다르다.
③ 하룻강아지 범 무서운 줄 모른다.
④ 콩 날 데 콩 나고 팥 날 데 팥 난다.
⑤ 하늘이 무너져도 솟아날 구멍이 있다.

> 이야기의 주제는 말하는 이가 말하고 싶은 내용을 담고 있어요.

7 보기의 글감과 주제를 사용하여 이야기를 완성해 보세요.

┤ 보기 ├
• 글감: 집, 짚단, 가시나무, 벽돌
• 주제: 미리 준비하면 걱정할 것이 없다.

　　아기 돼지 삼 형제는 숲에 각자의 [   ]을 지었어요. 배고픈 늘대는 [   ]으로 집을 만든 첫째와 [   ]로 집을 만든 둘째의 집을 단숨에 불어 무너뜨렸어요. 그리고 두 형제를 잡아먹었어요. 셋째의 집은 [   ]로 지어져 늘대가 훅훅 불어도 무너지지 않았어요. [   ]

10 제목에서 알 수 있는 내용

개념 사전

    제목은 글에서 다루는 중요한 내용을 요약해서 표현해요. 그래서 글을 읽을 때는 글 뿐만 아니라 제목도 꼼꼼하게 살펴보아야 해요.

✦**제목**

- 글의 내용을 알 수 있도록 붙인 이름.
- 글의 전체적인 느낌이나 내용을 대표함.
- 글쓴이가 하고 싶은 말을 담고 있음.
- 글의 내용과 잘 어울리고, 글의 중심 생각을 나타냄.

짧은 글로
개념 확인

확인 문제를 풀어 보며 개념을 익혀요.

1~3 **다음 글을 읽고 글의 제목으로 알맞은 것을 찾아 선으로 이으세요.**

1
　지난 주말, 우리 가족은 대관령에 있는 목장에 놀러 갔다. 높은 산 위에 넓은 초원이 있었다. 거기에서 양들은 평화롭게 풀을 뜯어 먹었다. 양이 솜사탕처럼 푹신하고 귀여웠다.

① 김치의
종류

2
　반려견과 산책할 때는 예절을 지켜요. 먼저 반려견은 목줄을 해야 해요. 또 주인보다 앞서 걷지 않아요. 반려견은 주인의 왼쪽에서 같이 걸어야 해요. 반려견이 쓸 배변 봉투, 화장지, 마실 물도 꼭 챙겨요.

② 양 떼
목장 체험

3
　김치는 배추와 무 등 채소에 양념을 섞어 만든 한국 전통 요리예요. 김치의 종류는 쓰이는 재료에 따라 달라져요. 예를 들어 배추로 만든 배추김치, 무를 썰어 만든 깍두기, 오이로 만든 오이김치가 있어요.

③ 반려견의
산책 예절

바다 보물의 정체

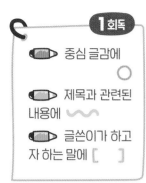

1회독

● 중심 글감에 ○

● 제목과 관련된 내용에 〰

● 글쓴이가 하고 자 하는 말에 [   ]

1 지난 주말, 우리 가족은 동해에 놀러 갔어요. 새파란 바다와 하얀 모래사장이 우리를 반겨 주었어요. 아빠와 엄마는 시원한 나무 그늘에 돗자리를 깔았어요. 나는 얼른 바다에 뛰어들고 싶었어요. 새로 산 멋진 오리 튜브를 탈 계획이었거든요. 탈의실에서 수영복을 갈아입고 준비 운동도 마쳤어요. 아빠가 나를 번쩍 안아 올려 오리 튜브에 태워 주었어요. 나는 오리 목을 끌어안고 열심히 발을 저었지요.

2 그때 저 멀리 바위 근처에 무언가 반짝이는 게 보였어요. 나는 혹시 바다 보물이 아닐까 생각했어요. 그래서 아빠와 엄마에게 바위 근처에 가 보고 싶다고 했어요. 아빠는 내 튜브를 끌고 헤엄쳤고, 엄마도 뒤따라 헤엄쳤지요. 다행히 파도가 잔잔하고 물도 얕았어요. 반짝이는 것에 점점 가까워졌어요. 아까보다 더 번쩍번쩍 빛을 냈지요.

3 엄마는 바위에 도착하자마자 한숨을 쉬었어요. 심지어 눈살을 찌푸리기까지 했어요. 곧이어 아빠와 나도 바위에 도착했어요. 그런데 반짝이던 것은 바다 보물이 아니라, 버려진 쓰레기 **더미**˚였어요. 비닐봉지와 페트병, 밧줄 같은 쓰레기들이 둥둥 떠다녔어요. 쓰레기들이 햇볕을 받아서 반짝거렸던 거예요. 얼마 전 텔레비전에서 바다에 버려진 쓰레기가 많다는 뉴스를 보았어요. 바다 쓰레기는 장마철이 되면 비에 휩쓸려 온다고 해요. 바다 쓰레기 때문에 다치거나 죽는 **해양**˚ 동물도 있대요. 특히 귀여운 고래들이 큰 피해를 본다고 해요. 직접 바다 쓰레기를 보고 나니 바다 쓰레기 문제가 정말 심각하다고 느꼈어요.

● **더미** 많은 물건이 한데 모여 쌓인 큰 덩어리.

● **해양**(海 바다 해, 洋 큰 바다 양) 넓고 큰 바다.

고래야 먹으면 안 돼!

4 아빠는 페트병과 비닐을 하나둘 주우며 말했어요. 쓰레기들이 바다를 더 **오염**˙시키기 전에, 우리가 가져가자고 말이에요. 엄마도 바다 보물은 못 찾았지만, 바다를 지키는 일에 앞장서자고 했어요. 어느새 엄마의 손에는 비닐이 들려 있었어요. 바다를 지키는 일이라면 나도 빠질 수 없었어요. 나는 있는 힘껏 손을 뻗었어요. 페트병이 손에 잡혔어요. 오리 튜브 위에 페트병을 하나씩 올려놓았어요. 우리 가족이 마치 바다 청소부가 된 듯했어요.

5 우리 가족은 두 손 가득 쓰레기를 들고 모래사장으로 돌아왔어요. 그리고 쓰레기통에 쓰레기를 **분리해서**˙ 버렸어요. 나는 갑자기 얼마 전에 운동장에 버려져 있던 쓰레기들이 떠올랐어요. 비가 온 뒤, 운동장 여기저기에 쓰레기가 쌓여 있었어요. 혹시 그 쓰레기들이 바람을 타고 여기까지 날아온 건 아닐까 생각했어요.

6 학교에 가면 선생님과 친구들에게 오늘 본 바다 쓰레기 이야기를 꼭 해 줘야겠어요.

• **오염**(汚 더러울 오, 染 물들일 염) 물·공기·흙 등이 더러워지는 것.

• **분리**(分 나눌 분, 離 떠날 리)**하다** 무엇에서 떨어져 나가는 것, 또는 따로 떼어 내다.

 빈칸에 알맞은 낱말을 써넣으며 내용을 정리해 보세요.

정답 및 해설 **22**쪽

처음	지난 주말, 우리 가족은 동해에 놀러 갔음.
가운데	• 나는 바위 근처에 반짝이는 것을 보고, 바다 ❶ ㅂ ㅁ 이 아닐까 생각함. • 우리 가족은 반짝이던 것이 버려진 ❷ ㅆ ㄹ ㄱ 더미인 것을 알고 실망함. • 우리 가족은 바다 쓰레기를 주었고, 우리 가족이 마치 바다 청소부가 된 듯했음.
끝	나는 바다 쓰레기가 얼마 전 운동장에 버려져 있던 쓰레기가 아닐까 생각함.

2 회독 빈칸을 채우지 못했다면 다시 꼼꼼히 읽어요!

1 이 글의 중심 글감은 무엇인가요?

바다 ☐☐

2 이 글의 내용으로 알맞은 것에 ○표, 알맞지 <u>않은</u> 것에 ✕표 하세요.

(1) 바위 근처에서 반짝이던 것은 바다 보물이었다. (　　　)

(2) 바다 쓰레기는 장마철에 비에 휩쓸려 온 쓰레기이다. (　　　)

(3) 바다 쓰레기 때문에 다치거나 죽는 해양 동물도 있다. (　　　)

(4) 바다 위에 비닐봉지와 페트병, 밧줄 같은 쓰레기들이 둥둥 떠다녔다.

(　　　)

3 이 글의 제목을 보고 알 수 있는 내용으로 알맞은 것에 모두 ○표 하세요.

(1) 바다 보물을 찾을 수 있는 지도가 있다. (　　　)

(2) 바다 보물처럼 보이는 것을 발견하였다. (　　　)

(3) 바다 보물을 찾아서 주인에게 돌려주었다. (　　　)

(4) 바다 보물처럼 보였던 것은 쓰레기 더미였다. (　　　)

4 이 글의 제목에 담긴 글쓴이의 생각으로 알맞은 것의 번호를 쓰세요.

(1) 바다에 바다 보물은 없다.	(2) 장마철에는 쓰레기를 버리지 말자.	(3) 무심코 버리는 쓰레기가 바다를 오염시킨다.

(　　　)

5 이 글의 **1** ~ **6** 중에서 **보기**와 관련이 있는 문단을 찾아 번호를 쓰세요.

| 보기 |

　　동해의 한 해변에서 쓰레기에 목이 졸린 물개가 발견되었다. 이 물개는 멸종 위기의 북방물개였다. 물개의 목에는 비닐 팩이 걸려 있었고, 상처가 매우 깊었다. 사람들은 물개를 한 달 동안 치료한 뒤, 바다로 돌려보냈다.

(　　　　　　　　)문단

6 이 글을 읽고 생각이나 느낌을 바르게 말하지 <u>못한</u> 친구의 이름을 쓰세요.

나도 가족들과 바다를 가게 되면 바다 청소부가 되고 싶어.

서우

글쓴이의 뜻대로 해양 동물들을 위해서 지금부터라도 바다로 여행을 가는 것을 금지하자.

강우

며칠 전 물을 마시고 페트병을 운동장에 두고 왔는데 이 글을 보고 반성했어.

지우

(　　　　　　　　)

제목은 글의 내용을 알 수 있도록 정해야 해요.

7 내가 소중하게 여기는 물건을 소개하거나 그 물건과 관련된 경험을 쓰고, 글의 내용에 어울리는 제목을 써 보세요.

제목: ＿＿＿＿＿＿＿＿＿＿＿＿

3⁺ 주차 에서 우리는

11 시 속 **인물**의 **마음**

시 속 인물의 마음을 짐작하며 시를 읽으면 내용을 더 잘 이해할 수 있고, 인물의 마음이 더 생생하게 느껴져요.

╋시 속 인물의 마음

• 인물의 마음이 '기쁘다', '즐겁다', '슬프다'와 같은 말로 시에 직접 드러나기도 하지만, 시에 나타난 상황을 통해 짐작해 보아야 하는 경우도 있음.

• 시 속 인물과 비슷한 경험을 떠올려 보면 인물의 마음을 짐작할 수 있음.

확인 문제를 풀어 보며 개념을 익혀요.

1~4 **다음 시에 담긴 인물의 마음으로 알맞은 것을 찾아 선으로 이으세요.**

1

포근한 이불 속
나도 모르게 잠이 솔솔

•

• ① 슬프다.

2

단짝이랑 싸우고
집에 혼자 가는데
코가 혼자 훌쩍훌쩍

•

• ② 반갑다.

3

학교 갔다 돌아오면
제일 먼저 맞아 주는
복슬복슬 우리 콩이

•

• ③ 편안하다.

4

출발선 앞에 서면
심장이 쿵쾅쿵쾅
먼저 달려 나간다

•

• ④ 긴장된다.

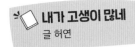
가 양보 안 할래

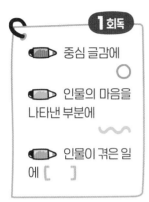

1회독

- 중심 글감에 ○
- 인물의 마음을 나타낸 부분에 〰〰
- 인물이 겪은 일에 [   ]

양보° 잘하는 아이가 착한 아이라고 해서
장난감을 친구에게
양보했다

자꾸 양보했더니
나는 양보하는 아이가 됐다

마음속으로는
양보하지 않고 내가 먼저 가지고 놀고 싶었다

양보하면 착한 아이가 되지만
기분은 안 좋다

양보 안 하면 안 되나
아니면 가끔만 하면 안 되나

● **양보**(讓 사양할 양, 步 걸음
보) 먼저 어떤 일을 하라고
남에게 길이나 자리, 물건
등을 내주고 물러남.

**구조 읽기** 빈칸에 알맞은 낱말을 써넣으며 내용을 정리해 보세요.

정답 및 해설 24쪽

1, 2연 ❶ ㅊ ㄱ 에게 장난감을 자꾸 양보했더니 나는 양보하는 아이가 됨.

양보하는 아이가 된 까닭 ➡

3, 4연 내가 먼저 가지고 놀고 싶고, 양보하면 기분이 안 좋음.

5연 ❷ ㅇ ㅂ 를 안 하거나 가끔만 하고 싶음.

양보했을 때의 기분

2회독 빈칸을 채우지 못했다면 다시 **깔끔히** 읽어요!

나 짝 바꾸는 날

짝 바꾸는 날
글 이일숙

한 달에 한 번씩
두근대는 내 마음

개그맨 성민이?
보디가드 승용이?

㉠**망했다**˚
태권도 여왕이네
얌전히˚ 지내보자

- **망**(亡 망할 망)**하다** 제구실을 제대로 하지 못하여 흩어지거나 없어지다.
- **얌전히** 조용하고 침착하며 바르게.

구조읽기 빈칸에 알맞은 낱말을 써넣으며 내용을 정리해 보세요.

정답 및 해설 24쪽

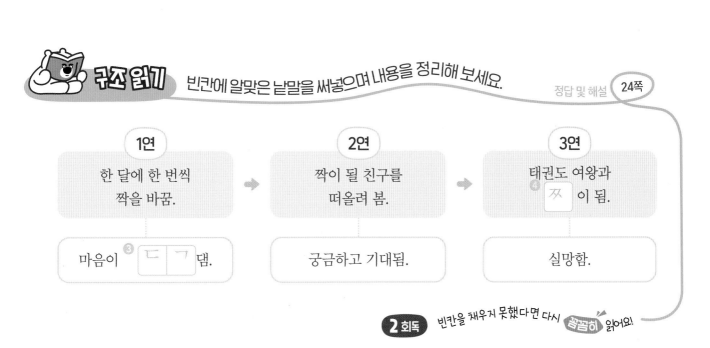

1연
한 달에 한 번씩
짝을 바꿈.

마음이 ③ ㄷ ㄱ 댐.

→

2연
짝이 될 친구를
떠올려 봄.

궁금하고 기대됨.

→

3연
태권도 여왕과
④ 짜 이 됨.

실망함.

2 회독 빈칸을 채우지 못했다면 다시 꼼꼼히 읽어요!

1 시 **가**의 내용으로 알맞지 <u>않은</u> 것을 두 가지 고르세요. (   )

① '나'는 양보할 때마다 뿌듯하다.
② 자꾸 '나'만 양보하는 것 같아 기분이 안 좋다.
③ 처음에는 착한 아이가 되려고 장난감을 양보했다.
④ 양보를 안 해도 착한 아이가 되는 방법을 알아냈다.
⑤ 장난감을 친구에게 양보한 경험을 바탕으로 쓴 시이다.

2 시 **나**는 언제, 어디에서 있었던 일을 바탕으로 쓴 것인가요?

(1) 언제: (   )
(2) 어디에서: (   )

3 시 **가**와 **나**에서 짐작할 수 있는 인물의 마음을 찾아 선으로 이으세요.

(1) **가** | 양보 안 하면 안 되나
아니면 가끔만 하면 안 되나 | •   • ① | 설렘. |

(2) **나** | 한 달에 한 번씩
두근대는 내 마음 | •   • ② | 기분이
안 좋음. |

4 ㉠'망했다'를 소리 내어 읽을 때의 목소리로 알맞은 것은 무엇인가요?
(   )

① 신나서 흥겹게   ② 화나서 따지듯이
③ 만족해서 기쁘게   ④ 실망해서 기운 없이
⑤ 부끄러워서 속삭이듯이

5 시 가와 나를 읽고 든 생각이나 느낌을 알맞게 비교하여 말한 친구의 이름에 ○표 하세요.

시 가는 각 행의 글자 수를 똑같이 맞추어서 썼기 때문에 시 나를 읽을 때보다 노래하는 느낌이 더 많이 들었어.

하진

시 가는 친구에게 양보하면서 들었던 내 생각을, 시 나는 짝을 바꿀 때의 내 기분을 떠올리며 읽으니까 인물의 마음이 더 잘 이해가 되었어.

민호

6 시 나와 같이 인물의 마음 변화가 나타난 것에 ○표 하세요.

(1)
오늘은 외식이다
기대가 한가득
무얼 먹을까?

늦는다는 엄마 전화
울고 싶은 내 마음

(   )

(2)
먹기 전엔 군침 꼴깍
뜨거울 땐 호로록
식고 나면 후루룩

내가 제일 좋아하는
엄마표 김치칼국수

(   )

시 가와 나 모두 시 속 인물에게 위로하는 말이나 격려하는 말을 해 주면 좋아요.

7 시 가와 나 중 한 편을 골라 시 속 인물에게 하고 싶은 말을 써 보세요.

12 편지의 내용

편지는 받을 사람이 정해져 있는 글로, 생각을 잘 정리하여 예의에 어긋나지 않도록 간결하게 표현하는 것이 좋아요. 그리고 편지를 읽을 때에는 쓴 사람의 마음을 생각하며 읽어요.

✦**편지** 상대에게 안부를 전하거나 소식을 알리기 위해 적어 보내는 글.

✦**편지의 내용** 편지를 쓴 까닭과 하고 싶은 말, 전하고 싶은 마음 등이 담겨 있음.

1~4 다음은 지연이가 현서에게 쓴 편지입니다. 각 부분이 편지의 어떤 내용에 해당하는지 보기에서 찾아 번호를 쓰세요.

┤ 보기 ├
① 안부   ② 하고 싶은 말   ③ 전하고 싶은 마음   ④ 편지를 쓴 까닭

현서에게

1 　안녕, 현서야! 그동안 잘 지냈어? 나는 잘 지내고 있어.　　　　　(　　)

2 　전학 간 학교는 어떤 곳인지, 어떻게 지내고 있는지 네 소식이 궁금해서 편지를 쓰게 되었어.　　　　　(　　)

3 　나는 네가 자주 보고 싶어. 교실에서도, 놀이터에서도 너와 놀던 추억들이 생각나. 너도 내 생각을 하겠지?　　　　　(　　)

4 　현서야, 이번 여름 방학에 네가 이사 간 동네에 사시는 이모 집에 놀러 가기로 했어. 가기 전에 연락할 테니 우리 그때 만나자.　　　　　(　　)

그럼 만나는 날까지 잘 지내. 안녕!

2000년 ○월 ○일
지연이가

정답 1① 2④ 3③ 4②　　　　　12. 편지의 내용 **81**

호랑이가 쓴 편지

1회독

🔖 편지를 쓴 사람과 받을 사람에 ◯

🔖 편지를 쓴 까닭에 〰️

🔖 전하고 싶은 마음에 [　]

웅녀에게

　안녕! 나는 예전에 동굴에서 너와 같이 지냈던 ㉠호랑이야. 기억하지? 난 아직도 우리가 사람이 되기 위해서 쑥과 마늘만 먹던 기억이 생생해. 네가 어떻게 지내는지 궁금했는데 얼마 전 마을에서 네 소식을 듣고 반가워서 편지를 쓰게 되었어.

　하늘에서 구름을 가르고 환한 빛과 함께 하늘 신의 아들인 환웅 님이 내려오던 날 기억하니? 눈이 부실 정도로 온 세상이 빛났잖아. 환웅 님은 ㉡바람과 비와 구름을 다스리는 신들과 함께 인간 세상을 다스리고 싶다고 하셨어. 사람들은 신들의 도움을 받아 농사를 짓기 시작했고, 점점 많은 사람이 환웅 님을 따르게 되었지.

　간절히 사람이 되고 싶었던 너는 환웅 님에게 우리가 사람이 될 수 있는 방법을 물어보자고 했어. **용기**˚ 내서 또박또박 말하던 네 모습이 인상적이었어. 환웅 님은 쑥과 마늘만 먹으며 백 일 동안 햇빛을 보지 않으면 곰과 호랑이인 우리가 사람이 될 수 있다고 알려 주셨지.

　우리는 기대에 부풀어 쑥과 마늘을 들고 동굴로 갔어. 그런데 난 아무것도 보이지 않는 깜깜한 동굴에서 맛없는 쑥과 마늘만 먹으며 보내는 시간이 너무 힘들었어. 입안에서 살살 녹는 고기만 먹던 나에겐 진짜 **견디기**˚ 힘든 일이었어. 그래도 사람이 되면 무엇부터 할지 상상하며 너와 이야기할 때는 무척 행복했어. 뛰쳐나가려는 나를 말리며 조금만 더 견뎌 보자고 말하던 네 모습이 생각난다. 만약 네가 없었다면 난 하루도 버티지 못했을 거야.

- **용기**(勇 날랠 용, 氣 기운 기) 겁이 없고 씩씩한 기운.

- **견디다** 힘들거나 어려운 것을 참고 버티어 살아 나가다.

하지만 결국 나는 그 시간을 견디지 못하고 동굴을 뛰쳐나오고 말았어. 나와는 달리 그 시간을 견뎌 내고 사람이 된 너를 축하해 주고 싶은 마음은 **굴뚝같은데** 한편으로는 **질투**가 나서 그동안 너에게 연락하지 못했어. 포기하지 않고 견뎌 내어 마침내 꿈을 이룬 네가 정말 존경스러워. 늦었지만 진심으로 축하해!

환웅 님과의 사이에서 남자아이를 낳았다며? 네 아들이 환웅 님의 뜻을 이어 받아 나라를 세우고 널리 인간을 이롭게 하는 훌륭한 사람이 될 거라는 소문이 **자자하더라**. ⓒ환웅 님의 지혜와 너의 힘을 타고난 아이라면 틀림없이 큰 인물이 될 거야.

ⓔ웅녀야, 다음번 마을에 갈 때는 너희 집에 들를게. 호랑이 한 마리가 어슬렁거린다면 너의 옛 친구니까 반갑게 인사해 줘. 잘 지내고 다음에 보자. 안녕!

호랑이가

- **굴뚝같다** 바라거나 그리워하는 마음이 몹시 간절하다.
- **질투**(嫉 시기할 질, 妬 강샘할 투) 다른 사람이 잘되거나 좋은 처지에 있는 것을 괜히 미워하고 싫어함.
- **자자**(藉 깔개 자, 藉 깔개 자)**하다** 여러 사람의 입에 오르내려 널리 퍼져 있다.

 **구조 읽기** 빈칸에 알맞은 낱말을 써넣으며 내용을 정리해 보세요.

정답 및 해설 26쪽

첫인사
호랑이가 마을에서 웅녀의 소식을 듣고 반가워서 ❶ⓟⓩ를 씀.

↓

전하고 싶은 말
- 하늘에서 ❷ⓗⓞ 님이 내려와 인간 세상을 다스림.
- 곰은 사람이 되기 위해 아무것도 보이지 않는 깜깜한 ❸ⓓⓖ에서 쑥과 마늘만 먹으며 백 일을 지냈지만 호랑이는 그 시간을 견디지 못하고 동굴을 뛰쳐 나옴.
- 호랑이가 사람이 된 웅녀에게 진심으로 축하하는 마음을 전하며 환웅 님과 웅녀가 낳은 아들이 큰 인물이 될 것이라고 함.

↓

끝인사
호랑이가 웅녀에게 다음번에 만나면 반갑게 인사해 달라고 함.

2회독 빈칸을 채우지 못했다면 다시 꼼꼼히 읽어요!

1 이 글은 누가 누구에게 쓴 편지인지 쓰세요.

(   )가 (   )에게

2 이 글의 내용으로 알맞은 것은 무엇인가요? (   )

① 호랑이는 곰이 사람이 되었는지 궁금하였다.

② 호랑이는 곰에게 사람이 되는 방법을 물었다.

③ 환웅은 혼자의 힘으로 인간 세상을 다스렸다.

④ 곰은 동굴에서 쑥과 마늘을 먹으며 버텨 사람이 되었다.

⑤ 호랑이는 지금까지 사람이 된 곰을 시샘하고 미워하였다.

3 이와 같은 편지의 특징으로 알맞지 <u>않은</u> 것은 무엇인가요? (   )

① 인사말이 있다.

② 받을 사람과 쓴 사람이 있다.

③ 받을 사람의 의견이 강하게 드러난다.

④ 받을 사람이 잘 지내는지 안부를 묻는다.

⑤ 하고 싶은 말과 전하고 싶은 마음이 담겨 있다.

4 다음은 편지의 내용 중 무엇에 해당하는지 알맞은 것을 찾아 선으로 이으세요.

(1) 포기하지 않고 견뎌 내어 사람이 된 것을 축하한다. ·

 ·① 전하는 마음

(2) 어떻게 지내는지 궁금했는데 사람이 되어 아들을 낳았다는 소식을 들었다. ·

 ·② 편지를 쓴 까닭

5 해솔과 연수 중 이 글의 웅녀와 비슷한 마음을 가진 친구의 이름에 ○표 하세요.

줄넘기 대회 연습은 잘 되어 가니?

응, 하루도 빠짐없이 연습하고 있어. 열심히 하면 좋은 결과가 있겠지.

해솔

날씨가 너무 더워서 쉽지 않아. 며칠 쉬었더니 더 하기 싫고. 그냥 포기할까 싶기도 해.

연수

6 다음 글의 밑줄 친 '단군'은 ㉠~㉣ 중 누구인지 기호를 쓰세요.

> 환웅과 웅녀 사이에서 태어난 단군은 우리나라 최초의 국가인 고조선을 세웠어요. 단군은 널리 인간을 이롭게 한다는 '홍익인간(弘益人間)'의 뜻을 바탕으로 나라를 다스렸어요. 단군은 법을 만들어 백성들이 편안하게 살 수 있도록 하였어요. 고조선의 법은 다른 사람을 해치거나 도둑질을 하면 벌을 주는 내용을 담고 있어요.

(   )

내가 웅녀라면 호랑이에게 어떤 말을 하고 싶을지, 어떤 마음을 전하고 싶을지 떠올려 보아요.

7 편지를 받은 웅녀가 호랑이에게 보내는 답장을 써 보세요.

호랑이에게
안녕, 호랑이야! 너의 편지를 받고 정말 반가웠어.

웅녀가

13 혼동하기 쉬운 **낱말**

낱말의 뜻을 바르게 알고 정확하게 사용해야 생각을 정확하게 표현하고, 다른 사람과 대화할 때 오해를 줄일 수 있어요.

➜ **혼동하기 쉬운 낱말** '다르다-틀리다', '잊다-잃다', '작다-적다' 등을 혼동해서 사용하는 경우가 있는데, 각 낱말의 반대말과 함께 그 뜻을 익혀 두면 좋음.

확인 문제를 풀어 보며 개념을 익혀요.

1~5 **다음 문장의 빈칸에 들어갈 알맞은 낱말을 선으로 이으세요.**

1 고무줄을 너무 [　　　] 끊어진다.

- ① 늘리면: 많아지게 하면.
- ② 늘이면: 길어지게 하면.

2 작년에 입던 옷이 대부분 [　　　].

- ① 적어졌다: 수나 양이 많지 않아졌다.
- ② 작아졌다: 크기가 모자라서 맞지 않아졌다.

3 저울의 눈금이 삼 킬로그램을 [　　　] 있다.

- ① 가리키고: 방향을 알려 주고.
- ② 가르치고: 지식을 일러 주어 알게 하고.

4 나와 동생은 좋아하는 음식이 [　　　].

- ① 다르다: 같지 않다.
- ② 틀리다: 맞지 않다.

5 화분에 물 주는 것을 깜박 [　　　] 다 시들어 버렸다.

- ① 잊었더니: 기억하지 못했더니.
- ② 잃었더니: 더 이상 갖지 않게 되었더니.

정답 1② 2② 3① 4① 5①

13. 혼동하기 쉬운 낱말 **87**

한글 지키기

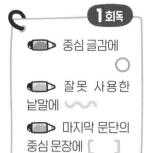

1회독

- 중심 글감에 ⬭

- 잘못 사용한 낱말에 〰

- 마지막 문단의 중심 문장에 [ ]

안녕하세요, 여러분! 한글날은 세종 대왕이 만드신 한글을 기념하는 날이에요. 당시에는 우리말을 적을 수 있는 우리글이 없었어요. 그래서 어려운 한자를 빌려 우리말을 적어야 했어요. 한글은 ⬭ ㉠ ⬭ 를 어려워하는 백성들을 위해 세종 대왕이 만든 우리 고유의 글자랍니다. 하지만 우리는 종종 한글의 소중함을 잊고, 제대로 익히지 않아 잘못 사용하는 경우가 있어요. 오늘은 한글날을 맞이하여 제가 우리말을 잘못 사용하였던 경험을 이야기해 볼게요.

얼마 전 우리 반에서는 한글날을 기념하여 동시 쓰기 대회를 하였어요. 저는 한글의 우수성을 알리는 내용과 세종 대왕께 감사하는 마음을 담아 시를 썼어요. 그리고 떨리는 마음으로 친구들 앞에서 발표하였어요.

한글

세종 대왕이 만든
글자의 왕!

누구나
가리키기 쉬운
글자의 왕!

누구나
배우기 쉬운
글자의 왕!

자랑스러운
우리 한글!

그런데 **긴장**˚을 한 탓인지 낱말을 헷갈려 잘못 사용하고 말았어요. 선생님께서는 ㉡잘못 사용한 낱말에 대해 설명해 주셨어요. 그리고 누구나 **혼동하기**˚ 쉽다며 다음부터는 정확한 낱말을 사용하기 위해 노력하자고 하셨지요. 하지만 저는 하필 한글날 이런 실수를 한 것이 너무 부끄러웠어요. 한글날 한글을 틀리다니! 세종 대왕이 하늘에서 한숨을 쉬실 것 같아요.

- **긴장**(緊 팽팽할 긴, 張 베풀 장) 마음을 놓지 못하고 정신을 바짝 차림.

- **혼동**(混 섞을 혼, 同 같을 동)**하다** 서로 다른 것을 구별하지 못하고 뒤섞어서 생각하다.

우리는 낱말을 혼동하여 사용하는 경우가 있어요. 지난주에 친구가 "공을 ⓒ잊어버렸어." 하길래 저는 어디에 두었는지 잘 생각해 보라고 **핀잔**˚을 주었거든요. 그런데 공을 어디에 두었는지 기억을 못해 잊어버린 것이 아니라 공이 없어진 것이었어요. 낱말을 잘못 사용하는 바람에 전혀 다른 뜻으로 **오해한**˚ 거예요.

세종 대왕은 수많은 연구 끝에 누구나 배우기 쉬운 한글을 만들었어요. 덕분에 우리는 한글을 통해 생각과 느낌을 자유롭게 표현할 수 있게 되었지요. 그래서 한글을 소중히 여기고 지켜야 해요. 한글을 지키는 첫걸음은 바르고 정확한 낱말을 사용하는 것이에요. 말의 뜻을 제대로 전하기 위해서는 낱말을 바르게 써야 해요. 모두가 한글을 사랑하고 낱말을 바르게 사용하기 위해 노력한다면 세종 대왕도 기뻐하시겠죠? 지금부터 우리 모두 한글 지키기의 첫걸음을 떼어 보아요.

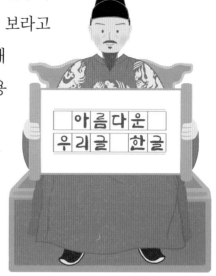

- **핀잔** 못마땅하게 여겨 꾸짖는 일.
- **오해**(誤 그릇할 오, 解 풀 해)**하다** 사실과 다르게 잘못 알다.

 **구조읽기** 빈칸에 알맞은 낱말을 써넣으며 내용을 정리해 보세요.

정답 및 해설 (28쪽)

처음	한글날을 맞이하여 우리말을 잘못 사용하였던 경험을 이야기하려고 함.
가운데	• 한글날을 기념하는 동시 쓰기 대회에서 ❶ [ㅅ] 를 쓰고 발표하였음. • 시를 쓸 때 낱말을 ❷ [ㅎ][ㄷ]하여 잘못 사용하였고, 한글날 한글을 틀린 것이 너무 부끄러웠음. • 지난주에 친구가 '잊다'와 '잃다'를 혼동하여 잘못 사용하는 바람에 전혀 다른 뜻으로 오해한 경우가 있었음.
끝	한글을 지키는 첫걸음은 바르고 ❸ [ㅈ][ㅎ][ㅎ] 낱말을 사용하는 것임.

2 회독 빈칸을 채우지 못했다면 다시 **꼼꼼히** 읽어요!

1 글쓴이가 이 글을 쓴 까닭으로 알맞은 것은 무엇인가요? (   )

① 한글의 우수성을 널리 알리려고

② 세종 대왕이 한 일을 바르게 알리려고

③ 바르고 정확한 낱말을 사용하기를 바라서

④ 한글날 기념 행사에 적극적으로 참여하기를 바라서

⑤ 한글날이 가장 중요한 기념일이라는 것을 알리려고

2 ㉠에 들어갈 낱말로 알맞은 것은 무엇인가요? (   )

① 한자   ② 영어   ③ 동시

④ 발표   ⑤ 연구

3 다음은 ㉡에 대해 선생님이 하신 말씀입니다. 빈칸에 공통으로 들어갈 낱말을 쓰세요.

> 선생님: 한글의 우수성을 알리는 내용과 세종 대왕께 감사하는 마음을 담아 시를 잘 썼어요. 그런데 시에 잘못 사용한 낱말이 있네요. 2연에 나온 '가리키기'는 '[   ]'라고 고쳐 써야 해요. '[   ]'가 '깨닫게 하거나 익히게 하기.'라는 뜻이에요. 다음부터는 정확한 낱말을 사용하기 위해 노력해 보아요.

(   )

4 친구가 글쓴이에게 말의 뜻을 정확하게 전하기 위해 ㉢을 알맞게 고친 것에 ○표 하세요.

(1) 던졌어 (   )

(2) 깜박했어 (   )

(3) 잃어버렸어 (   )

5 다음 중 정확한 낱말을 사용하기 위해 노력한 친구의 이름에 ○표 하세요.

낱말을 잘못 사용해도 상대방이 내가 한 말을 이해하는 것 같으면 상관없어.

하진

글을 읽다가 혼동되는 낱말이 나와도 그냥 쭉 읽는 게 좋아.

태우

모르거나 혼동되는 낱말이 있으면 어른께 물어보거나 국어사전을 찾아봐.

승아

6 **보기**는 이 글에 나타난 '정확한 낱말 사용하기'와 함께 무엇에 대한 실천 내용인지 알맞은 것을 고르세요. (   )

┤ 보기 ├
• 욕하지 않기
• 줄임말 사용하지 않기

① 한글을 배우는 방법
② 한글을 익히는 방법
③ 한글을 지키는 방법
④ 한글을 가르치는 방법
⑤ 한글의 우수성을 알리는 방법

하고 싶은 말이나 전하고 싶은 마음을 떠올려 보세요. 평소 한글에 대한 내 생각을 적어도 좋아요.

7 세종 대왕께 내 마음을 담은 편지를 정확한 낱말을 사용하여 써 보세요.

세종 대왕께

14 마음을 나타내는 말

마음을 나타내는 말에는 마음을 직접 표현한 말과 마음을 드러내는 표현이 있어요.
마음을 나타내는 말을 많이 알수록 마음을 더욱 풍부하게 표현할 수 있어요.

✦ 마음을 나타내는 말

- '기쁨, 슬픔, 미움, 놀람, 화남' 등의 감정을 직접 표현하는 말.
- '행복하다, 뿌듯하다, 조마조마하다, 그립다, 밉다, 놀라다, 속상하다, 화나다' 등과
  같은 말로 마음을 나타낼 수 있음.
- 표정이나 모습을 통해서도 마음을 나타낼 수 있음.

확인 문제를 풀어 보며 개념을 익혀요.

1~5 다음과 같은 마음을 나타내는 말로 알맞은 것을 **보기**에서 찾아 쓰세요.

보기

| 그립다 | 뿌듯하다 | 속상하다 | 시샘하다 | 조마조마하다 |

1 보고 싶거나 만나고 싶은 마음.

( )

2 앞으로 닥칠 일이 걱정되어 불안한 마음.

( )

3 기쁘고 흐뭇한 느낌이 가득 차서 벅찬 마음.

( )

4 자기보다 나은 사람을 괜히 미워하고 싫어하는 마음.

( )

5 걱정스럽거나 언짢은 일로 편하지 않고 우울한 마음.

( )

정답: 1 그립다 2 조마조마하다 3 뿌듯하다 4 시샘하다 5 속상하다

14. 마음을 나타내는 말 **93**

이 뽑은 날

1회독

중심 글감에
마음을 나타내
는 말에
중심 사건에
[   ]

오늘 저녁은 내가 좋아하는 돼지갈비를 먹는 날이에요. 나는 아빠가 고기 굽는 모습을 지켜보며 고기가 익기만을 **애타게** 기다렸지요. 드디어 고기가 다 익고, 상추쌈을 싸서 한입 크게 베어 물었어요.

"악!"

고기를 씹으면서 며칠 전부터 흔들리던 이를 잘못 건드렸는지 피도 나고 심하게 흔들렸어요. 나는 너무 아파 눈물이 찔끔 났어요.

"아이고, 이가 빠지려나 보네. 내일 치과에 가자."

엄마가 나를 안타깝게 바라보며 말씀하셨어요. 그 순간 작년에 첫 번째 앞니를 뽑던 때가 떠올랐어요. 의사 선생님의 손에 들린 어마어마하게 큰 집게를 보았을 때 느꼈던 ㉠공포와 그때의 아픔이 생생하게 기억난 거예요.

"아, 아니에요. 엄마. 아직 괜찮을 것 같아요."

나는 고개와 손을 동시에 저으며 말했어요.

"치과 가기 싫으면 아빠가 뽑아 줄게. 실로 묶어서 당기면 금방이야."

아빠가 미소를 지으며 말씀하셨어요. 하지만 실로 이를 잡아당긴다는 생각만으로도 **소름**이 돋았지요.

"그건 더 싫어요."

나는 고기를 먹는 둥 마는 둥 하고 집으로 돌아왔어요.

'치과에 가기 싫은데 어떡하지? 그렇다고 아빠가 뽑는 건 더 ㉡무섭고.'

㉢걱정과 ㉣두려움에 **안절부절못하던** 나는 책상 서랍에 숨겨 두었던 초콜릿을 꺼냈어요.

'에라, 모르겠다. 하나만 먹어야지!'

울적할 때, 달콤한 초콜릿을 먹으면 기분이 좋아지거든요. 입안에서 천천히 녹는 초콜릿에 집중하니 두려움이 서서히 사라지고 행복해졌어요.

그런데 초콜릿이 입안에서 다 사라지는 순간 혀에 사탕처럼 딱딱한 게 느껴졌어요.

- **애타다** 몹시 걱정되거나 안타깝고 답답하다.
- **소름** 무섭거나 춥거나 징그러울 때 피부가 오그라들며 좁쌀 같은 것이 돋는 것.
- **안절부절못하다** 초조하고 불안하여 어찌할 줄을 모르다.

"어? 이건 뭐지?"

손바닥에 뱉어 보니 흔들리던 이였어요. 이가 뽑힌 거예요.

그 순간 이가 저절로 뽑혔다는 놀라움과 치과에 가지 않아도 된다는 ㉤**안도감**이 동시에 밀려왔어요.

• **안도감**(安 편안할 안, 堵 담 도, 感 느낄 감) 걱정이 사라지고 편안한 느낌.
• **찌푸리다** 눈살 등을 몹시 찡그리다.

㉮
"엄마, 아빠! 초콜릿 먹다가 이가 저절로 빠졌어요!"

나는 신이 나서 거실로 뛰어나가며 소리쳤어요.

"초콜릿이 도와줬구나!"

아빠가 웃으며 말씀하셨지요.

그때였어요.

"자꾸 초콜릿 먹으면 이 썩는다고 했는데 또 먹었어? 치과에 가긴 가야겠네."

엄마가 눈살을 **찌푸리며** 나를 바라보셨어요. 으악! 내 마음은 다시 쿵쾅거리기 시작했어요.

 **구조읽기** 빈칸에 알맞은 낱말을 써넣으며 내용을 정리해 보세요.

정답 및 해설 30쪽

처음	고기를 먹다가 흔들리던 ❶ ㅇ 를 잘못 건드려 더 심하게 흔들림.
가운데	• 부모님이 이를 뽑자고 하셨지만 '나'는 무서워서 이를 뽑기 싫음. • 걱정과 두려움에 안절부절못하던 '나'는 숨겨 두었던 초콜릿을 먹으며 행복함. • ❷ ㅊ ㅋ ㄹ 을 먹다가 흔들리던 이가 빠져 신이 남.
끝	엄마는 초콜릿을 먹은 '나'에게 ❸ ㅊ ㄱ 에 가야겠다고 하셨고, '내' 마음은 다시 쿵쾅거리기 시작함.

2 회독 빈칸을 채우지 못했다면 다시 *꼼꼼히* 읽어요!

1 이 글의 중심 글감은 무엇인가요? ( )

① 흔들리던 이
② 치과와 큰 집게
③ 아빠의 이 뽑기 실력
④ '내'가 좋아하는 돼지갈비
⑤ 책상 서랍에 숨겨 두었던 초콜릿

2 다음 중 가장 먼저 일어난 일은 무엇인가요? ( )

① '나'는 치과에 가서 첫 번째 앞니를 뽑았다.
② '나'는 초콜릿을 먹다가 이가 저절로 빠졌다.
③ '나'는 상추쌈을 먹다가 이가 심하게 흔들렸다.
④ 아빠는 실을 이용하여 흔들리는 이를 뽑아 주겠다고 하셨다.
⑤ 엄마는 '내'가 초콜릿 먹은 것을 아시고 치과에 가야겠다고 하셨다.

3 밑줄 친 ㉠~㉤ 중 나머지와 전혀 다른 마음을 표현한 낱말은 무엇인가요? ( )

① ㉠ '공포'
② ㉡ '무섭고'
③ ㉢ '걱정'
④ ㉣ '두려움'
⑤ ㉤ '안도감'

4 ㉻ 부분에서 '나'의 마음은 어떻게 변했나요? ( )

① 화남. ➡ 부러움.
② 신남. ➡ 두려움.
③ 행복함. ➡ 설렘.
④ 울적함. ➡ 신기함.
⑤ 놀라움. ➡ 즐거움.

5 이 글의 '나'가 친구와 나눈 대화입니다. 빈칸에 들어갈 말로 알맞은 것에 ○표 하세요.

어제 초콜릿 먹다가 이가 저절로 빠진 거 있지!

맛있는 초콜릿도 먹고, 이도 저절로 빠지다니 _____네.

(1) 죽마고우(竹馬故友): 대나무로 만든 말을 타고 놀던 친구라는 뜻으로, 어릴 때부터 같이 놀며 자란 친구. (   )

(2) 일석이조(一石二鳥): 돌 한 개를 던져 새 두 마리를 잡는다는 뜻으로, 동시에 두 가지 이익을 얻는다는 말. (   )

6 이 글의 내용을 다른 사람에게 알맞게 소개한 친구의 이름에 ○표 하세요.

호기심 많고 용감한 아이의 치과 방문기! 진정한 용기에 대해 배워 보아요.

민호

몰래 먹는 초콜릿이 더 맛있다! 초콜릿 숨기기 좋은 장소, 이가 썩지 않게 먹는 방법을 알아보아요.

연수

겁 많은 친구의 이 뽑기, 과연 성공할 것인가! 인물의 마음이 생생하게 표현되어 더 재미있어요.

해솔

> 이를 언제, 어디에서, 어떻게 뽑았는지 떠올려 보고, 그때의 내 마음과 이 글에 나타난 '나'의 마음을 비교해 보아도 좋아요.

7 이를 뽑은 경험을 떠올려 보고, 그때 나는 어떤 마음이 들었는지 써 보세요.

_____

_____

_____

15 읽게 후 활동

읽기 후 활동을 하면 책에서 얻은 것을 온전히 내 것으로 만들 수 있고, 글의 내용이나 글을 통해 떠올린 생각들을 오래 기억할 수 있어요.

★**읽기 후 활동** 책을 읽고 난 뒤에 책을 읽게 된 동기, 이야기의 줄거리, 기억에 남는 장면, 이야기와 관련된 경험, 생각이나 느낌, 나의 다짐 등을 정리하는 활동.

1~3   다음은 책을 읽고 난 뒤에 쓴 글입니다. (1), (2) 중 생각이나 느낌이 나타난 것에 ○표 하세요.

1 『지각 대장 존』을 읽고

(1) 학교 가는 길에 악어나 사자같이 신기한 동물을 만날 수 있다면 매일 학교 가는 길이 기다려질 것 같아요.　　　　　（　　　）

(2) 하수구에서 악어 한 마리가 나와 존의 가방을 잡아당겼어요. 악어와 씨름하던 존은 지각했어요. 존이 지각한 이유를 말했지만, 선생님은 믿어 주지 않았어요.　　　　　（　　　）

2 『책 먹는 여우』를 읽고

(1) 여우 아저씨는 책을 다 읽고 나면 읽은 책을 먹어 버렸어요. 더 이상 책을 사 먹을 수 없게 된 여우 아저씨는 도서관으로 가서 책을 조금씩 맛보기 시작했어요.　　　　　（　　　）

(2) 책을 너무 좋아해서 먹기까지 하다니! 저는 책만 보면 잠이 오고 게임 생각만 나는데, 책을 좋아하는 여우 아저씨를 보고 반성하게 되었어요.　（　　　）

3 『고래를 삼킨 바다 쓰레기』를 읽고

(1) 바닷가에서 죽은 고래가 발견되었어요. 과학자들이 고래가 왜 죽었는지 알아보려고 고래의 배 속을 열어 보니 쓰레기가 가득했어요.　（　　　）

(2) 물고기를 먹어야 할 고래가 쓰레기를 먹고 얼마나 아팠을까요? 우리가 무심코 버린 쓰레기가 바다 생물들을 아프게 한다는 것을 알고 나니 쓰레기를 함부로 버렸던 행동이 부끄러웠어요.　（　　　）

『신발 신은 강아지』를 읽고

1회독

🖍 글쓴이가 읽은 책에 ◯

🖍 글쓴이가 책을 읽게 된 동기에 〰

🖍 책을 읽은 후의 생각이나 느낌에 [   ]

(가) 도서관을 이리저리 둘러보다가 『신발 신은 강아지』라는 책을 발견하였어요. 강아지가 신발을? 이상한 제목이 눈길을 끌었지요. 게다가 표지 속 강아지의 커다란 두 눈이 '내 이야기가 궁금하지 않니?' 하며 속삭이는 것 같아 책을 읽어 보았어요.

주인공 미니는 엄마와 차를 타고 가다가 차 앞으로 뛰어든 강아지를 만났어요. 강아지는 노란 신발을 신고 있었지요. 엄마가 신발을 보니 주인이 있을 것 같다고 하셨지만, 미니가 **우겨서°** 강아지를 집으로 데려왔어요.

나는 미니가 부러웠어요. 미니처럼 우연히 강아지를 만나 집으로 데려오고 싶었어요. 얼마 전에 강아지를 키우고 싶다고 했는데, 부모님이 반대하셨거든요. 한 생명을 잘 보살피며 끝까지 함께하는 것은 큰 **책임감°**이 따르는 일이라고 하시면서요.

미니네 집으로 온 강아지는 소리 내며 울기만 했어요. 미니 엄마는 강아지가 주인을 보고 싶어 우는 것 같다고 하셨지만, 미니는 산책하고 싶어 우는 거라고 했지요.

나도 미니와 같은 생각이에요. 미니 엄마도 우리 엄마처럼 아무것도 모르면서 괜한 걱정을 하시는 것 같아요. 산책하면 둘이 금방 친해질 텐데, 친해질 시간이 부족했을 뿐이라고요.

미니는 강아지를 공원으로 데려갔어요. 그러자 강아지가 일어서고 앉으며 재롱을 부리기 시작했어요. 그럼 그렇지! 역시 강아지는 주인이 보고 싶은 게 아니었어요. 산책하니 금세 기분이 좋아졌잖아요. 신이 난 미니는 강아지에게 장난감을 던지며 가져오라고 했어요. 그런데 강아지가 뛰어가더니 돌아오지 않았어요. 신발만 **덩그러니°** 남아 있었지요.

강아지는 어디로 간 걸까요? 자기 주인을 찾으러 간 걸까요? 그 순간, 미니도 나도 강아지의 마음은 전혀 생각하지 않았다는 것을 깨달았어요. 잠시만 같이 있다가 헤어져도 이렇게 [㉠], 강아지와 주인이 서로를 얼마나 **간절히°** 찾았을지 생각하니 마음이 아팠어요. 얼마 전 장난

• **우기다** 억지를 부려 자기의 의견이나 뜻을 고집스럽게 내세우다.

• **책임감**(責 꾸짖을 책, 任 맡길 임, 感 느낄 감) 꼭 하기로 하고 맡은 일에 대해 책임을 지려는 마음.

• **덩그러니** 혼자서 쓸쓸하게.

• **간절**(懇 정성 간, 切 끊을 절)**히** 마음속에서 우러나와 바라는 정도가 매우 절실하게.

감 사듯이 강아지를 사 달라고 부모님을 졸랐던 것이 부끄러웠어요.

잘못을 깨달은 미니는 강아지의 주인을 찾아 주려고 **전단**을 붙였고, 다행히 주인을 찾았어요. 그리고 미니는 동물 보호소를 다시 방문해 주인 없는 강아지를 새 가족으로 맞이하였어요. 미니가 자기만의 강아지를 찾아냈을 때는 나도 같이 기뻤어요. 오늘 저녁에는 부모님과 새 가족을 만드는 일에 대해 진지하게 이야기해 봐야겠어요.

• **전단**(傳 전할 전, 單 홑 단) 어떤 것을 사람들에게 알리거나 어떤 일이나 행동을 하도록 부추기는 내용이 담긴 종이쪽.

 **구조읽기** 빈칸에 알맞은 낱말을 써넣으며 내용을 정리해 보세요.

정답 및 해설 32쪽

책을 읽게 된 동기	도서관을 둘러보다가 ① ㅈ ㅁ 과 표지 그림이 눈길을 끌어 책을 읽어 봄.
『신발 신은 강아지』의 줄거리	• 미니가 차 앞으로 뛰어든 노란 신발을 신은 ② ㄱ ㅇ ㅈ 를 집으로 데려옴. • 미니는 강아지를 공원에 데려갔다가 잃어버림. • 잘못을 깨달은 미니가 전단을 붙여 강아지의 주인을 찾아 줌. • 미니는 동물 보호소를 방문해 주인 없는 강아지를 새 가족으로 맞이함.
이야기와 관련된 경험	나도 강아지를 키우고 싶다고 했는데, 부모님이 반대하심.
생각이나 느낌	• 서로를 간절히 찾았을 강아지와 주인을 생각하니 ③ ㅁ ㅇ 이 아팠고, 장난감 사듯이 강아지를 사 달라고 부모님을 졸랐던 것이 부끄러웠음. • 미니가 자기만의 강아지를 찾아냈을 때는 나도 같이 기뻤음. • 미니가 주인 없는 강아지를 새 가족으로 맞이하는 것을 보고, 나도 부모님과 새 ④ ㄱ ㅈ 을 만드는 일에 대해 이야기해 봐야겠다고 생각함.

2 회독 빈칸을 채우지 못했다면 다시 꼼꼼히 읽어요!

1 이 글에 대한 설명으로 알맞은 것에 ○표 하세요.

(1) 친구를 소개하는 글이다. (   )

(2) 책을 읽고 난 뒤에 쓴 글이다. (   )

(3) 하루 동안 있었던 일을 쓴 글이다. (   )

2 ㉠에 들어갈 마음을 나타내는 말로 알맞은 것은 무엇인가요?

(   )

① 미운데   ② 슬픈데   ③ 뿌듯한데

④ 창피한데   ⑤ 부끄러운데

3 ㉮ 부분에 나타난 내용으로 알맞은 것을 두 가지 고르세요. (   )

① 줄거리   ② 책 제목

③ 나의 다짐   ④ 책을 읽게 된 동기

⑤ 이야기와 관련된 경험

4 다음 선생님 말씀을 읽고, 빈칸에 들어갈 알맞은 말을 두 글자로 쓰세요.

> 선생님: 여러분, 오늘은 『신발 신은 강아지』에 대한 독서 감상문을 써 볼 거예요. 독서 감상문은 단순히 이야기의 줄거리를 소개하는 글이 아니에요. 독서 감상문을 쓸 때는 책을 읽고 난 뒤에 든 생각이나 [   ]을 표현하는 것이 가장 중요해요. 책을 읽게 된 동기부터 떠올려 보고, 기억에 남는 장면, 이야기와 관련된 경험, 나의 다짐 등을 정리해 써 보세요.

(   )

5 이 글과 **보기**를 읽고 알 수 있는 것을 바르게 말한 친구의 이름에 ○표 하세요.

┤ 보기 ├

　미니야, 안녕!

　선생님께서 너의 이야기가 담긴 그림책을 읽어 주셨어. 나도 강아지를 키우고 있어서 어떤 이야기일지 무척 궁금해하며 들었어.

　그런데 길 잃은 강아지를 너희 집으로 데려가는 모습에 엄청 화가 나더라. 나도 우리 강아지를 잃어버린 적이 있거든. 강아지를 영영 못 만날까 봐 얼마나 슬프고 무서웠는지 몰라. 다행히 네가 금세 잘못을 깨닫고 주인을 찾아 줘서 안심했어. 미니야, 정말 잘했어.

　동물 보호소에서 데려온 새 가족과는 잘 지내고 있니? 지금쯤은 정이 듬뿍 들었을 너와 새 가족 이야기가 궁금해. 소식 전해 줘.

　그럼 기다리고 있을게. 안녕!

책을 읽고 난 뒤에는 감상문, 편지 등 여러 가지 방법으로 내 생각이나 느낌을 표현할 수 있어.

승아

같은 책을 읽으면 책을 읽은 뒤의 생각이나 느낌도 서로 비슷해.

해솔

> 내가 읽은 책의 줄거리를 떠올려 보고, 이야기와 관련된 경험, 이야기에서 얻은 교훈 등과 연결 지어 생각이나 느낌을 정리하면 좋아요.

6 기억에 남는 책을 떠올려 인상 깊은 장면과 그에 대한 생각이나 느낌을 써 보세요.

(1) 책 제목: _____

(2) 인상 깊은 장면: _____

_____

(3) 생각이나 느낌: _____

4주차 에서 우리는

16 일이 일어난 차례

아침, 등굣길
늦어서 뛰어가다가 넘어졌다.

점심, 식당
급하게 먹다가 국을 쏟았다.

저녁, 집
엄마가 위로해 주셨다.
엄마, 사랑해요!

일어난 일을 시간 순서나 장소 변화에 따라 차례대로 정리해서 말해야 듣는 사람이 이해하기 쉬워요. 이야기에서는 시간과 장소에 따라 인물이 한 일을 정리하면 글의 내용을 요약할 수 있어요.

✦ 일이 일어난 차례

- 시간을 나타내는 말이나 장소의 변화를 알려 주는 말을 통해 일이 일어난 차례를 알 수 있음.
- '아침, 어제, 토요일'처럼 시간을 나타내는 말을 통해 일이 일어난 순서를 알 수 있음.
- '집, 거리, 공원' 같은 말은 장소의 변화를 알려 줌.

1~2 **보기에서 알맞은 낱말을 찾아 다음 글의 빈칸에 쓰세요.**

1

┤ 보기 ├

내일   어제   오늘

[   ]부터 엄마와 운동을 하기로 했다. 그런데 첫날부터 무리했는지 아침에 일어나니 온몸이 쑤셔서 [   ]은 쉬고, [   ]부터 열심히 하기로 했다.

2

┤ 보기 ├

놀이터   집   학교

[   ]를 마치고 집에 가는 길에 [   ]에 들렀다. 현수가 먼저 와서 기다리고 있었다. 신나게 놀다 보니 어느새 저녁이 되어서 현수와 헤어지고 [   ]으로 향했다.

3 **다음을 일이 일어난 차례대로 번호를 쓰세요.**

① 지난주에 사촌들과 함께 바다로 여행을 다녀왔다.
② 해가 질 때까지 물놀이를 하고 숙소로 향했다.
③ 다음 날 더 신나게 놀기로 하고 일찍 잠자리에 들었다.
④ 우리는 바다를 보자마자 옷부터 갈아입고 바다로 뛰어들었다.
⑤ 아침 일찍 출발했지만 도착했을 때는 이미 오후 2시가 지나 있었다.

① ➡ (   ) ➡ (   ) ➡ (   ) ➡ (   )

잭과 콩나무

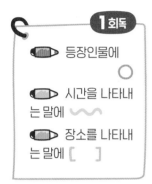

1회독

- 등장인물에
- 시간을 나타내는 말에 ~~~
- 장소를 나타내는 말에 [ ]

"소를 콩 한 알과 바꾸지 않겠니? 이 콩은 심은 지 하룻밤만 지나도 하늘에 닿을 만큼 크게 자라는 신기한 콩이란다."

㉠시장에서 만난 할아버지의 말에 **솔깃한** 잭은 소를 콩으로 바꾸어 집으로 돌아왔어요. 엄마는 전 재산인 소를 콩 한 알과 바꾼 잭의 어리석은 행동에 크게 화가 났어요. 엄마는 잭을 크게 **나무라며** 콩을 ㉡뒷마당에 버렸지요.

㉢다음 날 아침에 일어난 잭은 깜짝 놀랐어요. 할아버지 말처럼 엄청나게 자란 콩나무가 구름 위까지 닿아 있었기 때문이에요. 구름 위가 궁금해진 잭은 콩나무의 덩굴을 잡고 올라가기 시작했어요.

구름 위에는 ㉣커다란 성이 있었어요. 잭이 성문을 두드리니, 아주머니 한 분이 나왔어요.

"아주머니, 길을 잃은 것 같아요. 배가 고파요."

잭이 **둘러댄** 말에 아주머니는 안쓰러워하며 음식을 차려 주었어요.

그때, 갑자기 커다란 발소리가 들려왔어요.

"얘야, 얼른 숨어야 해, 이곳의 주인은 사람을 잡아먹는 거인이야."

아주머니는 ㉤벽난로 안에 잭을 숨겨 주었어요. 커다란 자루를 메고 온 거인은 자루 안의 금돈을 세다가 잠이 들었어요. 잭은 재빨리 금돈 자루를 들고 집으로 돌아왔지요.

이튿날, 잭은 다시 콩나무를 타고 거인의 성을 찾아갔어요. 아주머니는 또 잭에게 음식을 차려 주셨지요. 그때 쿵쿵 소리와 함께 거인이 나타났고, 잭은 또 벽난로 안에 숨었어요. 이번에는 거인이 암탉 한 마리를 내려놓으며 달걀을 낳으라고 말했어요. 그러자 놀랍게도 닭은 금 달걀을 낳기 시작했어요. 잭은 신기한 암탉이 갖고 싶어서 거인이 잠든 틈을 타 암탉을 훔쳐 집으로 돌아왔어요.

얼마 후, 잭은 또 콩나무를 타고 거인의 성에 갔어요. 거인은 또 나타났고, 하프를 내려놓으며 노래를 부르라고 하자 하프는 스스로 아름다운 소리를 내기 시작했어요. 잭은 거인이 잠든 **틈** 을 이용해 하프를 들고 도

- **솔깃하다** 남의 말이나 어떤 일이 좋아 보여 마음이 끌리는 부분이 있다.
- **나무라다** 잘못이나 부족한 점을 꾸짖어 알아듣게 말하다.
- **둘러대다** 그럴듯한 말로 꾸며 속이다.
- **틈** 어떤 행동을 할 만한 기회.

망가려 했어요. 이때 하프가 소리를 냈어요.

㉮ "누구냐, 지난번 도둑이구나!"

잭은 하프를 들고 서둘러 도망쳤어요. 그 뒤를 거인이 따라 내려오기 시작했지요.

잭은 재빨리 콩나무 아래로 내려온 후, 도끼를 가져와 콩나무를 찍어 넘어뜨렸어요. 콩나무는 우지끈하는 큰 소리를 내며 넘어졌고, 거인도 함께 떨어지고 말았답니다.

 **구조 읽기** 빈칸에 알맞은 낱말을 써넣으며 내용을 정리해 보세요.

정답 및 해설 (34쪽)

잭이 전 재산인 소를 콩 한 알과 바꾸어 오자 화가 난 엄마는 콩을 뒷마당에 버림.

⬇

• 다음 날, 잭은 구름 위까지 자란 콩나무를 타고 올라감.
• 거인의 성에 들어가 거인이 잠든 사이에 금돈 자루를 들고 ❶ [ㅈ]으로 돌아옴.

⬇

❷ [ㅇ ㅌ ㄴ], 잭은 다시 거인의 성을 찾아가 금 달걀을 낳는 암탉을 훔쳐 집으로 돌아옴.

⬇

얼마 후, 잭이 다시 ❸ [ㅋ ㄴ ㅁ]를 타고 거인의 성에 가 거인이 잠든 틈에 스스로 소리를 내는 하프를 들고 가려다 거인에게 들켜 도망침.

⬇

재빨리 콩나무 아래로 내려온 잭이 도끼로 콩나무를 찍어 넘어뜨렸고, 쫓아오던 거인도 함께 떨어짐.

2회독 빈칸을 채우지 못했다면 다시 꼼꼼히 읽어요!

1 이 이야기에 나온 여러 인물 중 가장 중요한 등장인물 두 명에 ○표 하세요.

| 잭의 엄마 | 잭 | 아주머니 | 거인 |

2 이 이야기의 내용으로 알맞지 <u>않은</u> 것은 무엇인가요? (   )

① 엄마는 잭의 어리석은 행동에 크게 화가 났다.

② 커다란 성의 주인은 사람을 잡아먹는 거인이다.

③ 커다란 성에 사는 아주머니는 잭을 숨겨 주었다.

④ 잭은 하프가 소리를 내는 바람에 거인에게 들켰다.

⑤ 시장에서 만난 할아버지는 잭에게 거짓말을 하였다.

3 밑줄 친 ㉠~㉤ 중 시간을 나타내는 말의 기호를 쓰세요.

(   )

4 다음을 일이 일어난 차례에 맞게 순서대로 번호를 쓰세요.

> ① 엄마는 잭을 크게 나무라며 콩을 뒷마당에 버렸다.
> ② 잭은 시장에서 전 재산인 소를 콩 한 알과 바꾸었다.
> ③ 잭이 하프를 들고 도망가려는 순간 잠에서 깬 거인이 쫓아왔다.
> ④ 잭은 재빨리 내려와 콩나무를 도끼로 찍어 넘어뜨렸고, 거인도 함께 떨어졌다.
> ⑤ 다음 날 아침, 엄청나게 자란 콩나무를 타고 위로 올라갔더니 거인의 성이 있었다.
> ⑥ 거인의 성에 간 잭은 첫날에는 금돈 자루를, 이튿날에는 금 달걀을 낳는 암탉을 가져왔다.

② ➡ (   ) ➡ (   ) ➡ (   ) ➡ (   ) ➡ (   )

5 이 이야기에 나타난 잭의 행동에서 알 수 있는 잭의 성격을 알맞게 짐작하여 말한 친구의 이름에 ○표 하세요.

엄청나게 자란 콩나무를 보고 깜짝 놀라는 것을 보니 잭은 겁이 많은 아이야.

해솔

힘들 텐데 거인의 성을 자주 찾아가는 것을 보니 잭은 부지런하고 성실한 아이야.

연수

구름 위가 궁금해 구름 위까지 닿은 콩나무를 타고 올라가는 것을 보니 잭은 호기심이 많은 아이야.

태우

6 ㉠의 말을 들은 잭의 마음을 알맞게 짐작한 것은 무엇인가요? (   )

① 흐뭇하고 행복했을 것이다.

② 부끄럽고 속상했을 것이다.

③ 불쌍하고 미안했을 것이다.

④ 신기하고 재미있었을 것이다.

⑤ 깜짝 놀라고 두려웠을 것이다.

시간을 나타내는 말에는 점심시간, 수업 시간, 저녁, 지금 등이 있고, 장소를 나타내는 말에는 교실, 운동장, 놀이터, 집 등이 있어요.

7 시간과 장소를 나타내는 말을 알맞게 사용하여 오늘 일어난 일 중 몇 가지를 일이 일어난 차례대로 써 보세요.

17 설명서의 특징

　　가전제품 사용 설명서나 약 복용 방법 설명서 등 생활에 도움을 주는 것을 목적으로 하는 설명서를 읽을 때에는 필요한 정보를 찾으며 글의 내용을 그대로 이해하고 받아들이면서 읽어요.

✦ **설명서**

- 기능이나 사용법 등을 설명하거나 대상에 대한 정보를 전달하여 사람들에게 도움을 제공하기 위한 글.
- 그림을 넣어 설명하면 읽는 이가 좀 더 쉽게 이해할 수 있음.
- 읽는 이가 잘 이해할 수 있도록 쉬운 문장으로 정확하게 써야 함.

확인 문제를 풀어 보며 개념을 익혀요.

1~2 빈칸에 알맞은 말을 **보기**에서 찾아 '자전거 사용 설명서'를 완성해 보세요.

1

┤ 보기 ├

| 몸 | 브레이크 | 페달 | 땅 |

자전거 타는 방법

첫째, 자전거에 앉은 상태에서 발끝이 ❶(   )에 닿게 안장의 높이를 조절해요.

둘째, 손잡이를 잡고 자전거를 내 ❷(   ) 옆에 놓아요.

셋째, 자전거 안장에 앉아 ❸(   )에 발을 올려놓아요.

넷째, 자전거를 멈출 때나 속도를 줄일 때는 ❹(   )를 잡아요.

다섯째, 땅을 보면 안 돼요. 앞을 잘 보면서 페달을 밟고 돌려요.

2

┤ 보기 ├

| 보호 장비 | 자전거 | 내리막길 | 손잡이 |

자전거 탈 때 주의할 점

✓ 헬멧, 보호대 등 ❶(   )를 착용해 주세요.

✓ 반드시 ❷(   )를 두 손으로 잡고 타야 해요.

✓ ❸(   )에서는 브레이크를 잡으며 천천히 타야 해요.

✓ 건널목을 건널 때는 반드시 ❹(   )에서 내려서 끌고 가야 해요.

고누 놀이 방법

1회독

● 설명하려는 대상에 ○

● 두 고누 놀이의 공통된 규칙에 〜〜

● 고누 놀이에서 이기는 방법에 [　　]

땅바닥이나 종이에 말판을 그리고, 말을 움직여 **상대방**˚의 말이 움직이지 못하도록 모든 길을 막거나, 상대방의 말을 먼저 다 따면 이기는 전통 놀이예요. 말판의 모양에 따라 우물고누, 호박고누, 밭고누, 사방고누 등이 있고 종류에 따라 놀이 방법이 달라요. 대표적으로 우물고누와 호박고누 놀이를 가장 많이 해요.

🐾 놀이 방법

우물고누

① 두 사람이 각각 말을 두 개씩 준비하고 그림과 같은 위치에 각자 말을 놓아요. '우물'은 선이 없어서 말이 이동하지 못하는 곳이에요.

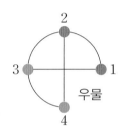

② 놀이를 시작할 때 1번과 4번 말은 처음에 움직일 수 없어요. 2번과 3번 말을 먼저 움직여야 해요.

③ 말은 선을 따라 한 번에 한 칸씩 만 움직일 수 있어요.

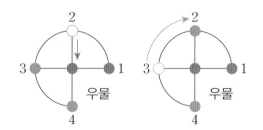

④ 서로 말을 **번갈아**˚ 두다가 상대방 말이 더 이상 움직일 수 없게 되면 놀이에서 이겨요.

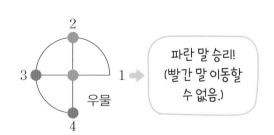

파란 말 승리! (빨간 말 이동할 수 없음.)

● **상대방**(相 서로 상, 對 대답할 대, 方 모 방) 서로 마주 대하거나 짝을 이루는 사람.

● **번**(番 차례 번)**갈다** 일정한 시간 동안 한 사람씩 차례를 바꾸다.

1 두 사람이 각각 말을 세 개씩 준비하고 그림과 같이 각자의 집에 말을 놓아요.

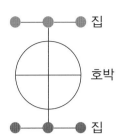

2 말은 선을 따라 한 번에 한 칸씩만 움직일 수 있어요.

3 단, 집에서는 집 밖을 향해서만 움직일 수 있고, 한번 집을 나오면 다시 들어갈 수 없어요. 상대방 집에도 들어갈 수 없고요.

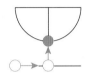

4 반면에 호박 안에서는 앞, 뒤, 오른쪽, 왼쪽으로 모두 움직일 수 있어요.

5 서로 말을 번갈아 두다가 상대방 말이 더 이상 움직일 수 없게 되면 놀이에서 이겨요.

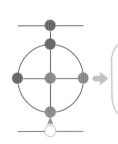

파란 말 승리! (빨간 말 이동할 수 없음.)

 빈칸에 알맞은 낱말을 써넣으며 내용을 정리해 보세요.   정답 및 해설 36쪽

① ㄱ ㄴ 놀이

말판 위에 말을 움직여 상대방의 말이 움직이지 못하도록 모든 길을 막거나, 상대방의 말을 먼저 다 따면 이기는 전통 놀이

② ㅇ ㅁ 고누

우물 모양의 말판에 두 사람이 각각 두 개의 말을 놓고 함.

③ ㅎ ㅂ 고누

호박 모양의 말판에 두 사람이 각각 세 개의 말을 놓고 함.

2회독 빈칸을 채우지 못했다면 다시 꼼꼼히 읽어요!

1 이 글에 대한 설명으로 알맞은 것은 무엇인가요? (　　　　)

① 고누 놀이에 대한 의견을 표현한 글이다.

② 고누 놀이를 한 경험을 떠올려 쓴 글이다.

③ 고누 놀이와 비사치기 놀이를 비교한 글이다.

④ 전통 놀이를 소개하며 그 우수성을 알리는 글이다.

⑤ 고누 놀이와 대표적인 고누 놀이 방법을 설명한 글이다.

2 고누 놀이 방법에 대한 설명으로 알맞은 것에 ○표 하세요.

(1) 호박고누는 상대방 집에 먼저 들어간 사람이 이긴다. (　　　　)

(2) 우물고누와 호박고누를 할 때 준비해야 하는 말의 수는 같다.

(　　　　)

(3) 우물고누는 1번이나 4번 말을 처음에 움직이게 되면 바로 놀이가 끝나기 때문에 2번과 3번 말을 먼저 움직여야 한다. (　　　　)

3 다음 대화의 빈칸에 들어갈 낱말을 세 글자로 쓰세요.

> 하진아, 내일 학교에서 고누 놀이한다는 것 들었지? 난 처음이라 놀이 방법을 미리 알아보고 싶은데, 혹시 너는 할 줄 아니?

> 아니, 나도 잘 몰라. 우리 같이 고누 놀이 [　　　　]를 찾아 읽어 볼까? 놀이 방법을 자세히 설명하여서 쉽게 이해할 수 있을 거야.

(　　　　　　　　　　)

4 이 글에서 그림이 하는 역할을 바르게 말한 것에 ○표 하세요.

(1) 놀이 방법을 쉽게 이해할 수 있도록 돕는다. (　　　　)

(2) 놀이 방법이 어렵고 복잡하다는 것을 보여 준다. (　　　　)

5 해솔이가 한 고누 놀이는 무엇인지 **보기**에서 놀이 이름을 찾아 쓰세요.

보기

밭고누

① 밭 모양의 말판 위에 두 사람이 말을 각각 세 개씩 놓는다.
② 말은 선을 따라 위, 아래, 오른쪽, 왼쪽으로 한 칸씩 이동할 수 있다.
③ 말을 번갈아 두다가 상대방이 더 이상 움직일 수 없게 되면 이긴다.

밭고누 말판   검은 말 승리

사방고누

① 두 사람이 말을 각각 네 개씩 준비하고, 원하는 위치에 번갈아 가며 말을 하나씩 놓는다.
② 말 세 개로 가로, 세로, 대각선 중 한 줄을 먼저 만들면 이기는데, 두 사람이 말 여덟 개를 모두 둘 때까지 승부가 나지 않으면, 번갈아 말을 한 칸씩 이동하며 한 줄을 만들어야 한다.

사방고누 말판   검은 말 승리

 해솔아, 고누 놀이는 재미있었니?

 응, 재미있었어. 그런데 내 짝이 먼저 가로로 한 줄을 놓는 바람에 놀이에서 져서 너무 아쉬웠어.

(   )

 평소에 자주 사용하는 물건의 사용 방법을 읽는 이가 알기 쉽게 설명해 보아요.

6 주변에 있는 물건 중 한 가지를 골라 그것을 사용하는 방법을 써 보세요.

(   ) 설명서

18 꾸며 주는 말

꾸며 주는 말을 사용하면 글쓴이는 자신의 생각을 자세하고 정확하게 나타낼 수 있고, 읽는 이는 내용이 더 실감 나고 생생하게 느껴져요. 그러나 지나치게 사용하면 글의 뜻이 분명하게 드러나지 않을 수 있으므로 필요할 때에만 사용해야 해요.

✦ 꾸며 주는 말 '화려한 날개', '무척 멋졌어'에서 '화려한', '무척'과 같이 뒤에 오는 말을 꾸며 그 뜻을 자세하게 해 주는 말.

짧은 글로 개념 확인

확인 문제를 풀어 보며 개념을 익혀요.

1~3 다음 문장에서 꾸며 주는 말을 찾아 ○표 하세요.

1 텃밭에 오이가 커다랗게 자랐다.
( ) ( ) ( ) ( )

2 귀여운 고양이가 나를 따라왔다.
( ) ( ) ( ) ( )

3 짝꿍은 방학 동안 키가 부쩍 자랐다.
( ) ( ) ( ) ( ) ( )

4~5 다음 설명이 맞으면 ○표, 그렇지 않으면 ×표 하세요.

4 '문이 열렸다.'보다 '문이 드르륵 열렸다.'라고 쓰면 내용이 더 실감 나고 생생하게 느껴진다. ( )

5 '시간이 느리게 흐른다.'보다 '시간이 흐른다.'라고 쓰면 자신의 생각을 자세하고 정확하게 나타낼 수 있다. ( )

정답 1 커다랗게 2 귀여운 3 부쩍 4 ○ 5 ×

○

1회독

🔲 중심 글감에 ○

🔲 꾸며 주는 말에 〰

🔲 글쓴이의 마음을 생생하게 표현한 부분에 [ ]

"민호야, 일어나자. 딸기 따러 가야지."

엄마의 말씀에 눈이 번쩍 뜨였어요. 오늘은 유치원 때 단짝이었던 서현이네 가족과 **나들이**˙를 가는 날이거든요. 어젯밤에는 서현이를 만날 생각에 **설레어**˙ 잠이 오지 않았어요.

우리는 차를 타고 푸른 들판을 달려 ㉮딸기 농장에 도착했어요. 서현이네가 먼저 도착해서 기다리고 있었어요.

서현이와 나는 눈이 마주쳤어요.

"안녕, 오랜만이야!"

서현이가 웃으며 인사를 건넸어요. 나도 반갑게 인사를 했지요. 오랜만에 만나니 더 반가웠어요.

"그럼, 우리 모두 딸기 따러 가 볼까요?"

아빠의 말씀이 끝나자마자, **기대**˙에 찬 우리는 걸음을 **재촉하였어요**˙.

농장 안에 있는 커다란 비닐하우스에는 달콤한 딸기 향기가 가득했어요. 초록색 딸기 잎 사이에 새빨간 딸기들이 얼굴을 내밀고 있었지요. 딸기들이 서로 멋지다고 뽐내는 것 같았어요.

"얘들아, 딸기를 딸 때는 둘째와 셋째 손가락 사이에 딸기 꼭지를 끼운 후, 손목을 살짝 꺾으면서 따면 된단다."

"작년에도 해 봐서 기억나요."

"그래, 민호야. 서현이는 처음이니까 네가 가르쳐 주렴."

"네!"

㉯나는 활짝 웃으며 큰 소리로 대답했어요.

서현이와 나는 주렁주렁 딸기가 열린 **사잇길**˙로 걸어 들어갔어요.

● **나들이** 집을 떠나 가까운 곳에 잠시 다녀오는 일.

● **설레다** 마음이 가라앉지 아니하고 들떠서 두근거리다.

● **기대**(期 기약할 기, 待 기다릴 대) 어떤 일이 이루어지기를 바라면서 기다림.

● **재촉하다** 어떤 일을 빨리하도록 조르다.

● **사잇길** 사이에 난 길.

"여기 잘 익은 딸기 보이지. 내가 먼저 따 볼게."

나는 딸기를 따서 서현이에게 건넸어요.

"우아! 딸기가 정말 맛있다. 우리 딸기 따기 시합할까?"

"좋아. 시작!"

우리는 그동안 있었던 이야기를 나누며 딸기를 따기 시작했어요. **정신 없이**˚ 따다 보니 어느새 바구니가 가득 찼어요.

즐거운 딸기 따기 **체험**˚을 마치고 집으로 돌아갈 시간이 되었어요.

"민호야, 오늘 엄청 재미있었어! 우리 내년에도 같이 오자."

"응, 좋아!"

오늘은 최고의 날이에요. 가득 찬 딸기 바구니만큼 내 마음도 행복으로 가득 찼거든요.

- **정신**(精 찧을 정, 神 귀신 신)**없이** 몹시 바쁘게.
- **체험**(體 몸 체, 驗 시험 험) 몸으로 직접 겪음. 또는 그런 경험.

 **구조 읽기** 빈칸에 알맞은 낱말을 써넣으며 내용을 정리해 보세요.

정답 및 해설 38쪽

처음	가운데	끝
민호는 서현이네 가족과 나들이를 갈 생각에 설렘.	❶ [ㄸ][ㄱ] 농장에 도착하여 서현이를 만남. • 딸기 따는 방법을 서현이에게 가르쳐 주고, 서현이와 함께 딸기 따기 ❷ [ㅅ][ㅎ]을 함.	내년에도 서현이와 같이 딸기 따기 ❸ [ㅊ][ㅎ]을 하기로 약속함.

2 회독 빈칸을 채우지 못했다면 다시 꼼꼼히 읽어요!

1 ㉠에 들어갈 이 글의 제목으로 어울리는 것은 무엇인가요? (   )

① 잘 익은 딸기
② 딸기 따는 방법
③ 딸기 따기 체험
④ 달콤 딸기 박물관
⑤ 딸기가 자라는 과정

2 ㉡에 담긴 민호의 마음으로 알맞은 것은 무엇인가요? (   )

① 당황함
② 섭섭함
③ 미안함
④ 뿌듯함
⑤ 부러움

3 다음 문장의 빈칸에 들어갈 꾸며 주는 말로 알맞은 것을 선으로 이으세요.

(1) 나도 [   ] 인사를 했지요.   •   • ① 가득

(2) 비닐하우스에는 [   ] 딸기 향기가 가득했어요.   •   • ② 반갑게

(3) [   ] 딸기가 열린 사잇길로 걸어 들어갔어요.   •   • ③ 달콤한

(4) 정신없이 따다 보니 어느새 바구니가 [   ] 찼어요.   •   • ④ 주렁주렁

4 다음 밑줄 친 낱말에 대한 설명으로 알맞은 것에 ○표 하세요.

> "민호야, 오늘 엄청 재미있었어!"

(1) 이 낱말을 빼면 뜻이 통하지 않는다. (   )

(2) 앞에 나온 '민호야'를 자세히 설명해 준다. (   )

(3) 생각이나 느낌을 더 실감 나고 생생하게 해 준다. (   )

5 다음 중 ㉠'딸기 농장'의 이름을 꾸며 주는 말을 사용하여 어울리게 지은 것에 ○표 하세요.

(1) 사라진 딸기 농장 (   )

(2) 새콤달콤 딸기 농장 (   )

(3) 딸기 따기 농장 (   )

6 민호가 이 글을 쓴 까닭을 바르게 짐작한 친구의 이름에 ○표 하세요.

 딸기 따는 방법을 자세히 알려 주면서 딸기 딸 때 지켜야 할 점을 알려 주려고 쓴 글이야.

연수

 커다란 비닐하우스의 모습을 구체적으로 나타내 딸기 농장을 사람들에게 소개하려고 쓴 글이야.

승아

 딸기 체험과 같은 인상 깊었던 일에 대한 생각이나 느낌을 전달하기 위해 쓴 글이야.

태우

나들이 가서 있었던 여러 가지 일 중 가장 기억에 남는 일을 중심으로 쓰는 것이 좋아요.

7 가족과 나들이 갔던 경험을 떠올려 보고, 그때 있었던 일과 생각이나 느낌을 꾸며 주는 말을 넣어 써 보세요.

19 매체의 특성

공익 광고는 여러 사람의 이익을 목적으로 하는 광고로, 글과 그림을 꼼꼼히 살펴보아야 해요.

매체는 생각을 전달하는 도구를 말해요. 책, 신문, 라디오, 스마트폰, 텔레비전, 컴퓨터 등이 있어요. 우리는 매체를 통해 정보를 받아들이기도 하고, 새로운 정보를 전달하기도 해요.

✦매체의 특성

- 책, 편지, 신문 등의 인쇄 매체는 글, 그림, 사진 등으로 생각을 전달함.
- 영상 매체는 움직이는 모습, 생생한 소리나 음향을 생동감 있게 전달할 수 있음.

1~3 다음 각 매체의 특성을 생각하여 알맞은 내용에 ◯표 하세요.

▲ 책

▲ 텔레비전

▲ 스마트폰

▲ 컴퓨터

1 주로 글과 그림으로 이루어진 매체는 (책 , 텔레비전)이다.

2 글뿐만 아니라 그림, 사진, 영상, 음악 등을 다양하게 사용할 수 있는 매체는 (책 , 컴퓨터)이다.

3 언제, 어디서나 다양한 방법으로 편리하게 생각을 주고받을 수 있는 매체는 (책 , 텔레비전 , 스마트폰)이다.

가 어린이 실종 예방을 위한 약속

1회독

🔵 글 가 의 중심 내용에 ◯

🔵 글 나 에서 '나'가 겪은 일에 [ ]

🔵 글 나 에서 '나'의 마음이 나타난 부분에 〰️

① **혼자 다니지 않아요.**

- 부모님이나 친구들과 함께 다녀요.

② **항상 부모님의 허락을 받아요.**

- 어디를 갈 때나 누군가를 도와줄 때는 꼭 부모님께 여쭤봐요.

③ **모르는 사람에게 이름과 전화번호는 절대 알려 주지 않아요.**

- 모르는 사람이 나에 대해 묻는 말에는 대답하지 않아요.

 **구조 읽기**

정답 및 해설 40쪽

빈칸에 알맞은 낱말을 써넣으며 내용을 정리해 보세요.

어린이 ❶ [ㅅ | ㅈ] 예방을 위한 약속

1 혼자 다니지 않아요.
2 항상 부모님의 허락을 받아요.
3 모르는 사람에게 ❷ [ㅇ | ㄹ] 과 전화 번호는 절대 알려 주지 않아요.
4 위급한 상황에서는 큰 소리로 도움을 요청해요.
5 길을 잃었을 때는 돌아다니지 말고, 그 자리에 멈춰서 생각해요.

④ **위급한 상황에서는 큰 소리로 도움을 요청해요.**

- 누군가 자신을 데려가려고 하면 크게 외쳐요.

⑤ **길을 잃었을 때는 돌아다니지 말고, 그 자리에 멈춰서 생각해요.**

- 이름표를 달고 있는 직원이나 아이와 함께 있는 어른에게 도와달라고 말해요.

2회독 빈칸을 채우지 못했다면 다시 꼼꼼히 읽어요!

나 놀이공원에서 겪은 일

우리 가족이 놀이공원에 가는 날이에요. 형과 나는 며칠 전부터 어떤 놀이기구를 탈지 꼼꼼하게 계획을 세웠어요. 나의 첫 목표는 롤러코스터였죠. 매번 형이 타는 걸 구경만 했는데, 드디어 내 키가 120센티미터를 넘었거든요. 처음 타 본 롤러코스터는 정말 짜릿하고 재미있었어요. 롤러코스터에서 내리니 **긴장**°이 풀려 화장실에 가고 싶었어요. 나는 형에게 말하고 혼자 급하게 뛰어 화장실에 갔어요. 잠시 후 화장실에서 나왔는데, 우리 가족이 안 보이는 거예요. 나는 덜컥 겁이 났어요. '영영 못 찾으면 어떡하지?' 하는 생각에 나도 모르게 눈물이 났어요.

그때, ㉠학교 앞에서 보았던 어린이 실종 예방 안내 **포스터**°의 그림과 내용이 떠올랐어요. 길을 잃었을 때는 이름표를 달고 있는 직원에게 도움을 요청하라고 했던 게 기억났지요. 주위를 둘러보니, 팝콘 파는 곳 앞에 이름표를 단 아저씨가 계셨어요. 나는 아저씨께 길을 잃었다고 말했어요. 아저씨는 따뜻하게 위로해 주시며 엄마 전화번호를 물어본 후, 전화를 걸어 주셨어요.

잠시 후, 우리 가족이 뛰어왔어요. 엄마는 나를 보자마자 꽉 안아 주셨죠. 알고 보니 화장실 문이 앞뒤로 두 개가 있는데, 내가 반대쪽 문으로 나와서 길을 잃었던 거예요. 아빠는 금방 찾아서 다행이라고 말씀하시며 실종 예방 안내 포스터를 떠올린 나를 칭찬해 주셨어요. 엄마도 침착하게 잘했다고 말씀해 주셨지요. 나는 갑자기 어깨가 으쓱 올라가는 기분이 들었어요. 우리는 환하게 웃으며 다음 놀이기구에 도전하기 위해 발걸음을 옮겼어요.

- **긴장**(緊 팽팽할 긴, 張 베풀 장) 마음을 놓지 않고 정신을 바짝 차림.
- **포스터**(poster) 광고나 선전을 위한 매체의 하나. 그림과 글씨로 나타내어 사람의 눈에 많이 띄는 곳에 붙인다.

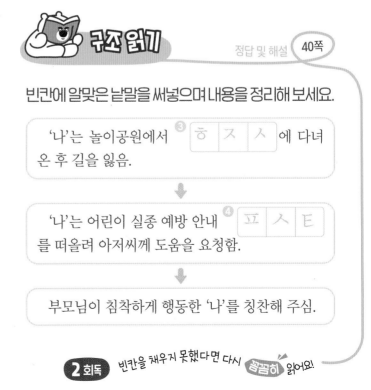

구조 읽기

정답 및 해설 40쪽

빈칸에 알맞은 낱말을 써넣으며 내용을 정리해 보세요.

'나'는 놀이공원에서 ❸ ㅎ ㅈ ㅅ 에 다녀온 후 길을 잃음.

⬇

'나'는 어린이 실종 예방 안내 ❹ ㅍ ㅅ ㅌ 를 떠올려 아저씨께 도움을 요청함.

⬇

부모님이 침착하게 행동한 '나'를 칭찬해 주심.

2 회독 빈칸을 채우지 못했다면 다시 꼼꼼히 읽어요!

1 글 **가**의 내용을 바르게 이해하고 행동한 것은 무엇인가요? (   )

① 도와달라고 하는 어른을 만나면 바로 도와준다.

② 낯선 사람이 같이 가자고 하면 조용히 따라간다.

③ 길을 잃었을 때는 가만히 있지 않고 계속 돌아다닌다.

④ 등하교할 때는 친구들이 많이 다니는 길로 함께 다닌다.

⑤ 모르는 사람이 내 이름을 부르며 집 주소를 물으면 알려 준다.

2 글 **나**의 ㉠에서 글쓴이가 떠올린 내용은 무엇인지 **가**의 '어린이 실종 예방을 위한 약속' 중에서 찾아 번호를 쓰세요.

(   )

3 글 **가**와 같은 매체의 특징으로 알맞은 것은 무엇인가요? (   )

① 전하는 내용을 글로 자세히 표현하였다.

② 전하는 내용을 간단한 글과 그림으로 표현하였다.

③ 전하는 내용을 실감 나는 소리를 통해 표현하였다.

④ 전하는 내용을 영상 속 생생한 움직임을 통해 표현하였다.

⑤ 전하는 내용을 글, 그림, 소리, 영상 등을 모두 사용해 표현하였다.

4 글 **가**에서 글로만 설명하지 않고 그림을 사용한 까닭에 ○표 하세요.

(1) 글을 읽지 않고 그림만 보아도 전하려는 내용을 이해할 수 있도록 하려고 (   )

(2) 글에 어울리는 그림을 통해 전하려는 내용을 더 생생하게 이해할 수 있도록 하려고 (   )

5 글 🕒를 읽은 뒤에 든 생각이나 느낌을 바르게 말한 친구의 이름에 ○표 하세요.

주변의 포스터나 광고 등의 매체를 주의 깊게 살펴보아야겠어.

민호

영상 매체를 많이 활용하는 것은 중독의 염려가 있으니까 줄이는 게 좋겠어.

승아

인터넷 매체를 사용할 때는 인터넷 예절을 지키도록 노력해야겠어.

태우

6 글 🕒에서 글쓴이가 겪은 일을 다음과 같은 매체 자료로 표현하였을 때 잘된 점을 알맞게 말한 것에 ○표 하세요.

앞이 깜깜합니다

부모를 잃은 아이의 미래입니다
한해 4천여 명의 미아가 발생하고 있습니다. 부모를 잃어버린 아이의 미래는 결코 밝을 수 없습니다. 미아 찾기에 관심을 기울여 주세요. 우리의 작은 관심이 아이에게 희망찬 미래를 돌려줄 수 있습니다.

미아찾기 전화번호 182   kobaco 한국방송광고공사 공익광고협의회

(1) 사진과 글로 부모를 잃은 아이의 마음을 인상 깊게 표현하여 기억에 오래 남는다. (   )

(2) 부모를 찾으며 애타게 우는 아이의 울음소리를 제시해 두려운 아이의 마음을 생동감 있게 표현하였다. (   )

> 평소에 자주 사용하는 매체에서 주로 어떤 내용을 언제, 얼마나 보는지 떠올려 보고, 더 나은 매체 활용을 위해 노력할 점을 함께 생각해 보면 좋아요.

7 보기의 매체 자료 중 내가 평소에 자주 사용하는 것을 골라 그 매체 자료를 어떻게 활용하는지 써 보세요.

┤ 보기 ├
그림책, 만화,
뉴스, 광고, 웹툰,
애니메이션, 영화

20 안내문의 특징

설명하는 글의 한 종류인 안내문은 어떤 내용을 소개하여 알려 준다는 목적이 더 강조된 글이에요. 따라서 안내하고자 하는 내용이 무엇인지 정확히 파악하며 읽어야 해요.

✦안내문

- 일상생활에 도움을 주는 내용을 짧고 간단하게 써서 안내하고자 하는 내용만 정확히 전달함.
- 이해하기 쉬운 낱말과 문장으로 풀어서 써야 함.

확인 문제를 풀어 보며 개념을 익혀요.

1~3 다음은 무엇을 안내하는 안내문인지 알맞은 것을 찾아 선으로 이으세요.

1

　어린이들이 우리 나라의 다양한 문화를 체험할 수 있는 공간입니다.

관람 안내
• 월요일 휴관
• 인터넷 사전 예약 후 관람
• 입장료 무료

① 체육 대회

2

　학생들의 창의적인 문제 해결 능력을 키우기 위한 과학 발명품 대회를 실시하고자 합니다.

• 8월 30일까지 각 학교로 발명품과 발명 보고서를 제출해 주세요.

② 어린이 문화 체험관

3

　학교에서는 학생들의 행복하고 건강한 성장을 지원하고 즐거운 추억을 마련하기 위하여 한마음 체육 대회를 안내하고자 합니다.

• 날짜: 10월 23일
• 때: 09:00~14:30
• 곳: 학교 운동장

③ 과학 발명품 대회

종이 재활용품 분리배출 ㉠

1회독

- 🔵 안내하고자 하는 내용에 ○
- 🔵 이 글을 쓴 까닭이 나타난 부분에 〰️
- 🔵 종이 팩을 버리는 방법에 [　　]

어린이 여러분, 안녕하세요? 우리 학교에서는 환경 보호를 위해 **재활용**˙을 위한 쓰레기 **분리배출**˙을 강조하고 있어요. 그런데 최근 어린이들이 가장 많이 사용하는 종이의 분리배출이 제대로 이루어지지 않고 있다는 것을 알게 되었어요. 이에 올바른 종이 분리배출 방법을 안내하려고 해요. 종이 분리배출 방법을 바르게 익혀 환경 보호를 실천하는 멋진 어린이가 되어요.

🐾 종이류는 종이 수거함˙에 버려 주세요.

골판지 상자는 상자에 붙어 있는 테이프나 스티커를 **제거하고**˙ 납작하게 만들어서 버려요.

책이나 스프링 공책도 종이 수거함에 버리는데, 종이만 버려야 해요. 종이가 아닌 스프링이나 코팅된 책 표지는 꼭 제거하고 버려요.

신문지는 반듯하게 펴서 차곡차곡 쌓아서 버려요.

일회용 종이컵은 남은 내용물을 따라 내고 물로 깨끗이 헹궈서 버려요. 플라스틱 뚜껑은 플라스틱 수거함에 버려 주세요.

- **재활용**(再 다시 재, 活 살 활, 用 쓸 용) 고치거나 새로 만들어 다시 씀.
- **분리배출**(分 나눌 분, 離 떠날 리, 排 물리칠 배, 出 날 출) 쓰레기 등을 종류별로 나누어서 버림.
- **수거함**(收 거둘 수, 去 갈 거, 函 함 함) 거두어 가기 위해 만들어 놓은 함.
- **제거**(除 덜 제, 去 갈 거)**하다** 없애 버리다.

🐾 종이 팩은 종이 팩 전용 수거함에 버리거나 종이 수거함 옆에 놓아 주세요.

- 냉장용 우유 팩이나 주스 팩 같은 종이 팩은 종이 팩 전용 수거함에 버려요. 남은 내용물을 버리고 물로 헹군 후 말려서 버려요.

🍳 종이처럼 보이지만 반드시 일반 쓰레기로 버려 주세요.

- 영수증이나 택배 전표[*], 색종이, 색지는 일반 쓰레기예요.
- 만졌을 때 표면이 매끈매끈한 금박지, 은박지와 비닐 코팅지, 사진, **명함**[*]은 일반 쓰레기예요.
- 사용한 화장지나 음식물, 기름 등이 묻어 오염된 종이는 재활용할 수 없어서 일반 쓰레기로 버려야 해요.
- 종이가 아닌 물질이 섞인 벽지나 부직포도 종이처럼 보이지만 일반 쓰레기로 버려야 해요.

> **우리의 작은 실천이 환경을 보호하는 첫걸음이 됩니다!**

- **전표**(傳 전할 전, 票 표 표) 은행, 상점 등에서 돈이나 물건의 거래 내용을 간단히 적은 쪽지.

- **명함**(名 이름 명, 銜 재갈 함) 남에게 알리기 위해 자신의 이름, 직업, 주소, 연락처 등을 적은 작은 종이.

 빈칸에 알맞은 낱말을 써넣으며 내용을 정리해 보세요.   정답 및 해설 42쪽

올바른
① ㅈ ㅇ
분리배출
방법

② ㅈ ㅇ 수거함에 버리는 것
골판지 상자, 책이나 스프링 공책, 신문지, 일회용 종이컵은 종이 수거함에 버림.

③ ㅈ ㅇ ㅍ
전용 수거함에 버리는 것
냉장용 우유 팩이나 주스 팩 같은 종이 팩은 종이 팩 전용 수거함에 버리거나 종이 수거함 옆에 둠.

일반 쓰레기로 버리는 것
영수증, 택배 전표, 색종이, 색지, 금·은박지, 오염된 종이, 종이가 아닌 물질이 섞인 벽지나 부직포는 일반 쓰레기로 버림.

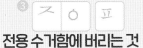 빈칸을 채우지 못했다면 다시 꼼꼼히 읽어요!

1 이 글을 쓴 목적으로 알맞은 것은 무엇인가요? (   )

① 느낌을 표현하려고   ② 정보를 전달하려고
③ 생각을 정리하려고   ④ 의견을 주고받으려고
⑤ 상상력을 표현하려고

2 이 글의 안내에 따라 종이 분리배출을 올바르게 한 것은 무엇인가요?
(   )

① 사용한 화장지는 종이 수거함에 버렸다.
② 스프링 공책은 스프링과 함께 종이 수거함에 버렸다.
③ 일회용 종이컵은 깨끗이 헹궈서 종이 팩 전용 수거함에 버렸다.
④ 우유가 들어 있는 우유 팩을 그대로 종이 팩 전용 수거함에 버렸다.
⑤ 골판지 상자는 테이프와 스티커를 제거하고 납작하게 접어서 버렸다.

3 다음 **보기**를 읽고, 제목의 ㉠에 들어갈 이 글의 종류를 세 글자로 쓰세요.

┤ 보기 ├

어떤 내용을 소개하여 알려 주는 글이다. 실생활에 도움을 주는 내용으로, 안내하고자 하는 내용만 정확하고 간단하게 전달한다. 여러 종류의 행사를 소개하는 글, 학교 게시판이나 공공 기관에 붙어 있는 글, 박물관이나 미술관 등의 전시물을 안내하는 글 등이 모두 이에 해당한다.

(   )

4 이 글을 읽고 실생활에서 도움을 받을 수 있는 내용에 ○표 하세요.

(1) 종이 분리배출 방법을 바르게 알고 실천하기 (   )
(2) 우리 학교에서 강조하고 있는 교육 내용을 알고 수업에 참여하기
(   )

5 다음은 이 글을 읽고 생긴 궁금증을 풀기 위해 찾은 글입니다. 다음 글의 내용을 올바르게 이해한 친구의 이름에 ○표 하세요.

> 일반 종이는 **재생 펄프°**와 **천연 펄프°**를 모두 사용하지만, 종이 팩은 천연 펄프만 사용해서 만든 고급 종이이다. 이렇게 만든 종이의 안과 밖을 비닐로 코팅하여 우유나 주스 등의 음료가 새지 않도록 한다. 코팅된 비닐을 제거한 후 남은 천연 펄프는 화장지나 미용 티슈로 재활용할 수 있다.
>
> 종이 팩을 분리배출할 때는 반드시 내용물을 버리고 물로 깨끗이 씻은 후에 말려서 배출해야 한다. 내용물이 남아 있으면 세균이 번식하거나 **악취°**가 나서 재활용 작업에 어려움이 생기기 때문이다.
>
> ● **재생 펄프** 이전에 사용한 것을 다시 사용한 종이의 원료.
> ● **천연 펄프** 이전에 사용한 적이 없는 종이의 원료. ● **악취** 나쁜 냄새.

왜 종이 팩을 따로 구분해서 버려야 하는지 궁금했는데, 그 까닭을 자세히 알게 되었어. 좀 더 신경 써서 종이 팩을 분리배출하도록 친구들에게도 알려 줘야겠어.

해솔

설명하는 글이 우리 실생활에는 별로 도움이 안 되는 것 같아. 종이 팩을 고급 종이로 만드는 것이 무척 아깝다는 생각이 들었어.

연수

> 우리 일상생활 곳곳에서 안내문을 찾아볼 수 있어요. 학교 행사 안내문, 시설물 이용 안내문, 생활 예절 안내문 등 다양하지요.

6 어떤 내용을 소개하여 알려 주는 글을 본 경험을 떠올려 언제, 어디에서 보았고, 어떤 도움을 받았는지 써 보세요.

(1) 언제:

(2) 어디에서:

(3) 도움을 받은 내용:

📷 사진 출처

국가유산청	www.khs.go.kr
국립중앙박물관	www.museum.go.kr
서울특별시 농업기술센터	agro.seoul.go.kr
셔터스톡	www.shutterstock.com/ko
연합뉴스	www.yna.co.kr
한국민족문화대백과사전	encykorea.aks.ac.kr
한국방송광고진흥공사	www.kobaco.co.kr

달달 읽고 곰곰 생각하는
달곰한 시리즈

NE 능률

어휘 강화!
교과 학습
기본기 강화

독해 강화!
분석력, 통합력,
사고력 강화

달곰한 문해력
기본서

초등교사 100인 추천!
'3회독 학습법'으로
문해력 기본기를 다져요.

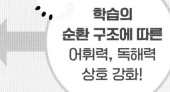

달곰한 문해력
초등 어휘

'낱말밭 어휘 학습'으로
각 학년 필수 교과 어휘를
완성해요.

학습의
순환 구조에 따른
어휘력, 독해력
상호 강화!

달곰한 문해력
초등 독해

초등 최초! '주제 연결 독해법' 도입!
하나의 주제로 연결된
2개의 글을 읽어요.

단계별 개념

초등 국어 교과에서 뽑은

달콤한 문해력 기본서

2022 개정 교육과정에서 배우는
국어 교과 개념 200개를 다루었어요.

NE 능률

정답 및 해설

1~2학년 추천

초등 2단계

달달 읽고 곰곰 생각하는

달콤한

기초영어독해

3회독 학습법

한번에 읽기

꼼꼼히 읽기

주도적 읽기

달달 읽고 곰곰 생각하는

달곰한

완전학습 시리즈

1~2학년 추천

초등 2단계

정답 및 해설

기분을 다시 한 번 꼼꼼하게 읽어 보아요. 자신만의 읽기 방법이 완성되어질 거예요.

정답 & 활용

나의 읽기 방법은!
글을 읽는 방법에 따라 잘 읽었는지 확인해 보세요

- 이야기에서 글
- 소리가 비슷한 낱말에
- 헷갈린 집에 군인 풀의 마음에 [ ]

문해력 기본은 어휘!
새로운 지문을 만날 때마다 새로운 어휘도 익혀 보세요

03 소리가 비슷한 낱말

★ 새로 알게 되는 낱말이나 어려운 낱말을 써 보세요

3회독

닫혔어요! 다쳤다고?

★ 내가 표시한 내용과 예시 답을 비교하며 읽어 보세요.

여름 방학이 되었어. 나와 내 동생 현수, 사촌 민혁이는 할머니 댁에 놀러 갔어. 민혁이는 나와 현수를 부르더니 말했어.

"저기 산 아래에 있는 현수를 잠깐에서 꼼꾸만 귀신이 나온데!"

귀신을 볼 수 있다는 말에, 나는 호기심이 발동했어.

"우리 저녁 먹고 몰래 가 보자, 어때?"

민혁이가 방긋 웃다고 했고, 현수는 우물쭈물하다가 마지못해 간다고 했어. 그렇게 〈산줄서의 귀신 탐험〉은 시작되었어.

▲ 외할머니 댁에 놀러 간 나와 현수, 민혁이는 귀신이 나온다는 번째에 가 보기로 했어.

저녁 일곱 시, 우리는 몰래 집을 빠져나왔어. 마을을 지나 산 아래에 있는 허름한 빈집에 도착했어. 폐가처럼 낡은 소리를 내는 대문을 열고 마당으로 조심스레 들어갔어.

["헝, 진짜 귀신 나오는 거 아냐?"
현수가 울상을 지으며 말했어.

"귀신이 어디 있다고 그래!"

나는 겁이 났지만, 아무렇지 않은 척하며 말했어.

▲ 나와 현수, 민혁이는 귀신이 나온다는 빈집에 도착했어.

우리는 마음을 졸이며 방문을 열고 방 안에 들어갔어. 그때 갑자기 바람이 불더니 쾅 하는 커다란 소리가 울렸어. 뒤돌아보니 방문이 굳게 닫혔지 뭐야. 나와 현수, 민혁이는 온 힘을 다해 방문을 잡아당겼지만 열리지 않았어. (현수가 울음을 터뜨렸어.

"으앙, 어떡해 우리 여기에 갇혔나 봐"

나는 얼른 핸드폰을 꺼내 할머니에게 전화했어. 겁에 질린 목소리로 더듬거리며 말했어.

"응, 할머니 우리 갇혔어요! 귀, 귀신 나오는 집인데, 닫혀서 못 나가요."

깜짝 놀란 할머니는 곧 데리러 가겠다며 잠시만 기다리라고 하시며 급하게 전화를 끊으셨어. 나와 현수, 민혁이는 서로를 꼭 껴안고 할머니를 기다렸어.

▲ 바람으로 방문이 닫혀 우리가 방안에 갇히자, 나는 할머니께 전화로 도움을 요청했어.

십 분 뒤, 구급차 사이렌 소리와 할머니의 목소리가 들렸어.

"학생들, 기다리세요, 곧 들어갑니다!"

문 앞에서 구급 대원 아저씨가 큰 소리로 외쳤어. 그리고 문이 열렸지.

"다친 학생이 누구인가요?"

[나는 고개를 갸웃거리며 말했어.
"다친 사람 없는데요? 문이 닫혀서 갇힌 거예요."]

할머니는 아무도 다치지 않았다는 사실에 안심하셨어.

"아이고, 네가 정말 들었구나."

구급 대원 아저씨는 웃음을 터뜨리며 말했어.

"어허 참 이상하네요. 문은 잘 열리는데……."

[구급 대원 아저씨의 말에 민혁이는 서로를 바라보았어. 둥 뭔가 오싹해졌어.]

▲ 할머니가 '다쳤다'와 '닫혔다'를 오해하였음을 알게 되었어.

낱말대장

1 귀신   2 닫혀서   3 다친

잘 요약했나요?
글의 구조를 파악하며 잘 요약했는지 확인해 보세요

24-25쪽

2단계 ■ 정답 및 해설 **8**

문제 풀이가 아니라 문해력을 향상시키는 가이드입니다.

빠른 정답 확인

26-27쪽

1 호기심 2 ①, ②, ④, ⑤, ③ 3 준우 4 (1) ② (2) ①
5 ② 6 (1) 7 예시 답안 참고

내용 이해하기

1 '나'는 밤마다 귀신이 나오는 빈집이 있다는 민혜이의 말을 듣고 호기심이 발동해 귀신 탐험을 하기로 한다.

읽어 일어난 차례 읽기

2 ① 나는 귀신이 나오는 빈집이 있다는 말을 듣고, 동생과 민혜이와 함께 빈집에 갔다. → ② 우리가 방 안에 들어서자 갑자기 바람이 불어 방문이 잠겼다. → ④ 방문이 열리지 않자, 나는 할머니께 전화로 도움을 요청한다. → ⑤ 구급 대원 아저씨들이 오셔서 방문을 열어주셨다. → ③ 아들들은 우리가 다치지 않았다는 걸 확인하시고, 다친 줄 알았던 오해를 푸셨다.

소리가 비슷한 낱말 파악하기

3 하름한 빈집에 갇힌 아이들이 '안쳤다'라고 한 말을 할머니는 소리가 비슷한 다른 낱말인 '다쳤다'로 오해하셨다.

소리가 비슷한 낱말 파악하기

4 (1) '마음이나 가슴, 속 등을 태우는 듯이 조조해하며'라는 뜻이 '을타'가 알맞다. '조리다'는 '음식 등을 국물 없게 바짝 끓이다.'의 의미이다.
(2)는 '신체에 상처가 생기다.'라는 뜻이 '다치지가 알맞다.' '닫히지'는 '열린 문이나 뚜껑, 서랍 등이 제자리로 다시 가다.'의 의미이다.

인물의 마음 짐작하기

5 귀신 탐험을 위해 허름한 빈집에 도착한 '나'가 겁이 났다고 했으므로 마당에 들어선 진솔이는 두려움을 느끼고 있다고 짐작할 수 있다.

이어질 대화 내용 추론하기

6 '나'가 오싹한 기분이 드 까닭은 분명히 아까는 문이 안 열렸는데 구급 대원 아저씨가 문이 고장이 아니라고 하셨기 때문이다. 민혜이도 '나'와 같은 표정을 짓고 있으므로 '나'와 민혜이는 귀신이 문을 잠갔다고 생각해 대화를 나눌 수 있다.
(2) → @에서 '나'가 듣가 오싹해진 느낌을 받은 까닭과 관련하여 이어지는 대화이므로 (2)의 대화는 글의 흐름상 알맞지 않다.

7 예시 답안 우리가 마음을 졸이며 방안에 들어서자마자 갑자기 바람이 불며 문이 닫혔다. 나는 할머니께 전화했고, 잠시 후에 구급 대원 아저씨들이 문을 열어 주셨다. 할머니는 우리가 다치지 않은 걸 알고 안심하셨다. 다음부터는 위험한 곳에 가지 않아야겠다.

보기나 낱말을 두 가지 이상 사용하였고, 이야기의 내용을 정확하게 일기로 썼습니다.
보기나 낱말을 한 가지 정도 사용하였고, 이야기의 내용을 정확하게 일기로 썼습니다.
보기나 낱말을 사용하지 못하였고, 이야기의 내용을 정확하게 쓰지 못하였습니다.

문해력이 어떤 과정을 묻는 문제였는지 확인해 보세요

문해력의 글을 바르게 이해하고 생각을 펼치기 위해서 어떻게 글을 읽어야 하는지 알려주는 도움말

글을 읽고 문제를 풀면서 어떤 점을 잘못 짚었는지 알려주는 도움말

자신의 생각과 비교해 볼 수 있고 생각을 확장시킬 수 있는 예시 답안

어떤 기준으로 생각을 펼쳐 글을 쓰는 것이 좋은지 알려주는 채점 기준

01

반복되는 말과 리듬감

- 중심 글감 ○
- 반복되는 말이나 흉내 내는 말에 ～
- 흉내 내는 말이나 인물에 [ ]

강아지

1연
처음엔 아무한테나
[졸졸] 따라나서더니
졸졸 흉내 내는 말

2연
처음엔 아무한테나
[멍멍] 짖어대더니

3연
(강아지) 예쁜 강아지
중심 글감
금세 약아졌어요.

4연
아침마다
[상래상래]
꼬리치며 인사하고요.

5연
저녁마다 [달랑달랑]
반갑다고 달려오지요.

★ 새로 알게 된 낱말이나 어려운 문장을 써 보세요.

읽어 보세요.
★ 내가 표시한 내용과 교과서 내용을 비교하여 읽어 보세요.

강아지

1연
낯선 환경 탓인지 강아지는 처음에 아무한테나 졸졸거리며 따라다녔다.

2연
낯선 환경으로 두렵기도 한 강아지는 처음에 아무나 보고 멍멍 짖어댔다.

3연
아무나 따라가고 아무한테나 짖어대던 강아지는 금세 약아져서 나를 알아보았다.

4연
약아진 강아지는 아침마다 꼬리를 살래살래 흔들면서 나한테 인사한다.

5연
강아지는 저녁마다 목줄에 달린 방울을 달랑달랑 흔들면서 반갑다고 나한테 달려온다.

 혼자 읽기

1 아무한테 2 아침 3 저녁

3회독

14-15쪽

1 ② **2** (3)○ **3** (2)○ **4** (1) **5** 수현 **6** 예시 답안 참고

중심 내용 파악하기
1 이 시는 강아지와 친해지는 경험을 바탕으로 쓴 시이다.

내용 파악하기
2 이 시에서 강아지는 처음엔 아무한테나 울음을 따라나서고 멍멍 짖어댔지만, 금세 말하는 이를 알아보고는 인사도 하고 반갑다고 달려오게 된다. 이러한 강아지의 모습을 보고 말하는 이는 이는 예쁜 강아지가 '금세 약아졌어요.'라고 표현한 것이다.

반복되는 말의 효과 파악하기
3 이 시에서는 '처음엔 아무한테나~다니'라는 문장과 '~마다'라는 말이 반복되어 나타나고 있다. 시에서 이러한 말이 반복되면 시를 읽을 때 재미를 주고 마치 노래하는 듯한 느낌이 들게 한다.

리듬감 파악하기
4 리듬감은 시에서 반복되는 말이 쓰여서 노래하는 듯한 느낌이 드는 것을 말한다. (2)에서는 사람을 대하는 강아지의 모습을 서술하고 있는 반면, (1)에서는 1연과 2연에서 '처음엔 아무한테나~다니'라는 문장을 반복하며 강아지의 모습을 압축하여 드러내고 있다. 따라서 (1)에서 반복적인 말이 쓰여 (2)보다 반복적인 말이 쓰여 시에 리듬감이 든다.

감상하기
5 보기의 시에서는 병아리의 모습을 '노랑'이라는 색깔을 나타내는 낱말로 표현하고 있으나, 이 시에서는 색깔을 나타내는 낱말이 쓰이지 않았다.
- 정우: 이 시는 '예쁜 강아지'를, 보기의 '노랑 병아리'를 글감으로 삼아 동물의 모습에 대해 썼다.
- 영은: 이 시에서는 '졸졸', '멍멍' '살래살래', '딸랑딸랑'에서 흉내 내는 말이 쓰였고, 보기의 시에서는 '냠냠', '콕콕', '빼약', '꽁짝', '꼬짜꼬 꼬꼬', '종종종' 등에서 흉내 내는 말이 쓰였다.

6 예시 답안

처음에 아무한테도 다가가지 않더니	아침마다 살랑살랑 꼬리치며 인사하고요.
처음에 아무한테도 울어대지 않더니	저녁마다 야옹야옹 보고싶다 울어대지요.
고양이 예쁜 고양이 금세 영리해졌어요.	

😄	반복되는 말과 글자 수를 비슷하게 맞춘 표현을 두 가지 이상 사용하여, 리듬감이 잘 느껴지도록 시를 썼습니다.
🙂	반복되는 말과 글자 수를 비슷하게 맞춘 표현을 한 가지 이상 사용하여 리듬감이 조금 느껴지도록 시를 썼습니다.
😐	반복되는 낱말이나 글자 수를 비슷하게 맞춘 표현을 제대로 사용하지 못하여, 시에 리듬감을 드러내지 못하였습니다.

02 설명하는 글의 특징

- 설명하는 대상에 ○
- 벨크로를 발명하게 된 계기에 〜〜〜
- 벨크로의 특징을 설명한 문장에 [ ]

★ 새로 알게 된 낱말이나 어려운 낱말을 써 보세요.

_____
_____
_____
_____
_____

3회차

우주여행의 필수품 벨크로를 아시나요?

★ 내가 표시한 내용과 예시 답을 비교하며 읽어 보세요.

벨크로는 신발과 옷, 장난감, 가방 등 여러 가지 물건에 쓰이고 있어요. 붙였다 뗄 때 '쩍쩍' 소리가 난다고 해서 '찍찍이'라고 부르기도 해요. 벨크로는 우주여행을 할 때도 쓰인다고 해요. 이런 벨크로는 어떻게 만들어졌을까요?

▲ 벨크로는 여러 가지 물건에 쓰이고 있어요.

벨크로는 1941년 스위스의 한 발명가가 도꼬마리 열매를 보고 발명하였다. 어느 날 개와 숲길 산책을 다녀왔는데 그의 바지와 개의 몸통에 도꼬마리 열매가 잔뜩 붙어 있었어요. 그걸 떼어내느라 애를 먹은 그 발명가는 호기심이 생겼어요. 그래서 현미경으로 열매를 관찰하였지요. 도꼬마리 열매에는 수많은 갈고리 모양의 가시가 달려 있었어요. 가시는 다른 물건에 붙으면 잘 떨어지지 않았지요. 발명가는 여기에서 아이디어를 얻어 벨크로를 만들었어요.

▲ 벨크로는 스위스 발명가가 도꼬마리 열매를 보고 발명하였어요.

[벨크로는 쉽게 붙이고 뗄 수 있어요.] 두 개의 면으로 이루어져 있어서, 두 면을 서로 맞대고 누르면 쉽게 붙어요. 한 면에 있는 수많은 갈고리가 다른 면의 부드러운 천과 맞닿으면 붙는 거예요. 반대로 한 면을 맞닿은 방향으로 잡아당기면 갈고리와 천이 쉽게 떨어져요.

▲ 벨크로는 쉽게 붙이고 뗄 수 있어요.

[벨크로는 가볍고 튼튼해서 사용하기 편리해요.] 가볍고 튼튼한 합성 섬유로 만들어서 붙였다가 모양이 변하지 않아 여러 번 쓸 수 있어요. 또 벨크로의 크기를 다양하게 만들면 물건의 종류와 크기에 상관없이 고정할 수 있어요. 그래서 벨크로는 단추나 지퍼를 대신해 널리 쓰여요.

▲ 벨크로는 가볍고 튼튼해서 사용하기 편리해요.

그렇다면 벨크로가 우주여행을 할 때도 쓰이는 이유는 무엇일까요? 사람이 우주를 여행하려면 음식, 옷, 약 등 수많은 물건이 필요해요. 그런데 우주는 지구와 달라서 물건의 무게가 실제보다 훨씬 가벼워져요. 그래서 물건들이 바닥에 붙어 있지 않고 떠다니게 되지요. 우주 과학자들은 우주선 벽에 물건을 고정하기 위해 벨크로를 사용하였어요. 벨크로는 우주선에서 크기도 모양도 다른 물건들을 고정하는 데 가장 알맞은 발명품이에요.

▲ 벨크로는 우주선에서도 다른 물건을 고정하는 데 알맞은 발명품이에요.

벨크로는 생활용품을 넘어 우주여행의 필수품이 되었어요. 인제가 우리도 필요한 물건을 우주선 벽에 붙이고 우주를 여행하는 날이 올지도 몰라요.

▲ 벨크로는 생활용품을 넘어 우주여행의 필수품이 되었어요.

우주 읽기

1 벨크로 2 우주선 3 필수품

1 벨크로   **2** ④   **3** (1) ○ (2) ○ (3) ○   **4** ②   **5** (2) ○
6 섬유   **7** 예시 답안 참고

중심 글감 파악하기

1 이 글은 벨크로를 알기 쉽게 설명하는 글이다.

세부 내용 파악하기

2 3문단에서 벨크로는 수많은 갈고리가 있는 면과 부드러운 천이 있는 면, 두 개로 이루어져 있는데 이 두 면을 서로 맞대고 누르면 쉽게 붙는다고 하였다.

① 벨크로는 1941년 스위스의 한 발명가가 발명하였다.
② 벨크로는 붙였다가 떼도 모양이 변하지 않아 다시 사용할 수 있다.
③ 벨크로는 가볍고 튼튼한 합성 섬유로 만들어졌다.
④ 벨크로는 우주선 벽에 물건을 고정하기 위해 사용한다.

설명하는 내용 파악하기

3 (1) 3문단에서 벨크로의 원리를 설명하고 있다.
(2) 1문단과 5문단에서 신발, 옷, 장난감, 가방, 우주선의 물건을 고정하는 것 등에 벨크로가 쓰이고 있다고 설명하고 있다.
(3) 2문단에서 도꼬마리 열매를 보고 벨크로를 발명하게 된 계기를 설명하고 있다.

설명하는 문장 파악하기

4 ⊙은 사실을 바탕으로 벨크로를 발명하게 된 계기를 설명하고 있다. ②에서도 태크기에 대한 사실을 설명하고 있다.

① 음악을 듣고 느낀 글쓴이의 생각이 나타나 있다.
③ 자전거에 대한 글쓴이의 주장이 나타나 있다.

내용 적용하기

5 (2)는 쉽게 붙이고 뗄 수 있는 벨크로를 사용한 운동화이다. 그래서 운동화를 신고 벗을 때 편리함을 설명하고 있다. 반면 (1)은 운동화의 무게감과 바닥의 쿠션함에 대해 설명하고 있다.

내용 추론하기

6 이 글에서는 벨크로의 크기를 다양하게 만들면 물건의 종류와 크기에 상관없이 고정할 수 있다고 하였다. 따라서 벨크로는 크기가 정해져 있다는 '설연'의 말은 글의 내용에 알맞지 않다.

7 예시 답안 · 놀이 방법: 두 사람이 마주 선 후, 한 사람이 공을 던진다. 다른 사람이 공에 원판을 대면 쉽게 공을 잡을 수 있다.

😆	캐치볼 장난감의 원리에 맞게 놀이 방법을 설명하였습니다.
😐	캐치볼 장난감의 원리에 맞는 놀이 방법을 설명하는 데 조금 부족하였습니다.
😢	캐치볼 장난감의 원리에 맞는 놀이 방법을 설명하지 못하였습니다.

03
소리가 비슷한 낱말

- 이야기에서 읽어 난 일에 ○
- 소리가 비슷한 낱 말에 ~~~
- 헷갈린 집에 간 인 물이 마음에 [ ]

3회독 ★ 내가 표시한 내용과 해시 담틀 비교하며 읽어 보세요.

단원어요! 다쳤다고?

여름 방학이 되었어. 나와 내 동생 현수, 사촌 민혁이는 할머니 대에 놀러 갔어. 민혁이는 나와 현수를 부르더니 말했어.

"저기 산 아래에 있는 빈집에서 밤마다 귀신이 나온대!"

귀신을 볼 수 있다는 말에, 나는 호기심이 발동했어.

"우리 저녁 먹고 몰래 가 보자, 어때?"

민혁이가 방방 뛰며 좋다고 했고, 현수는 우물쭈물하다가 마지못해 간다고 했어. 그렇게 (삼총사의 귀신 탐험)은 시작되었지.
[이야기에서 읽어 난 일]

▲ 외할머니 댁에 놀러 간 나와 현수, 민혁이는 귀신이 나오는 빈집에 가 보기로 했어.

저녁 일곱 시, 우리는 몰래 집을 빠져나왔어. 마을을 지나 산 아래에 있는 하름한 빈집에 도착했어. 폐 가빠리 소리를 내는 대문을 열고 마당으로 조심스레 들어갔어.

["형, 진짜 귀신 나오는 거 아냐?"
두려운 마음
현수가 울상을 지으며 말했어.

"귀신이 어디 있다고 그래!"
나는 겁이 났지만, 아무렇지 않은 척하며 말했어.

▲ 나와 현수, 민혁이는 귀신이 나오는 빈집에 도착했어.

우리는 마음을 졸이며 방문을 열고 방 안에 들어갔어. 그때 갑자기 바람 이 불더니 괭 하는 커다란 소리가 울렸어. 뒤돌아보니 방문이 흔케 단혔지
소리가 비슷한 낱말
밖아. 나와 현수, 민혁이는 온 힘을 다해 방문을 잡아당겼지만 열리지 않 았어. [현수가 울음을 티뜨렸어.
무서운 마음
"으앙, 어떡해! 우리 여기에 갇혔나 봐!"

나는 얼른 핸드폰을 꺼내 할머니께 전화했어. 겁에 질린 목소리로 더 듬거리며 말했어.

"하, 할머니 우리 갇혔어요! 귀, 귀신 나오는 집인데, 단혀서 못 나가요."

깜짝 놀란 할머니는 곧 갈 테니 잠시만 기다리라고 하시며 금하게 전화 를 끊으셨어. 나와 현수, 민혁이는 서로를 꼭 껴안고 할머니를 기다렸어.

▲ 바람으로 방문이 단혀 우리가 방안에 갇히자, 나는 할머니께 전화로 도움을 요청했어.

십 분 뒤, 구급차 사이렌 소리와 할머니의 목소리가 들렸어.

"학생들, 기다리세요. 곧 들어갑니다!"

문 앞에서 구급 대원 아저씨가 큰 소리로 외쳤어. 그리고 문이 열렸지.

"다친 학생이 누구인가요?"

[나는 고개를 가웃거리며 말했어.
황당한 마음
"다친 사람 없는데요? 문이 단혀서 간힌 거예요."

문 앞에서 구급 대원 아저씨가 큰 소리로 외쳤어. 그리고 문이 열렸지.

할머니는 아무도 다치지 않았다는 사실에 안심하셨어.

"아이고, 내가 잘못 들었구나."

구급 대원 아저씨는 웃음을 여단으며 말했어.

"아하 참 이상하네요. 문은 잘 열리는데……."

[구급 대원 아저씨의 말에 나와 민혁이는 서로를 바라보았어. 등 뒤가
무서운 마음
오싹해졌어.]

▲ 할머니가 '다쳤다'와 '단혔다'를 오해하였음을 알게 되었어.

★ 새로 알게 된 낱말이나 어려운 낱말을 써 보세요.

정답 확인

1 귀신   2 단혀서   3 다친

1 호기심 2 ①, ②, ④, ⑤, ③ 3 준우 4 (1)② (2)①
5 ② 6 (1) 7 예시 답안 참고

내용 이해하기

1 '나'는 밤마다 귀신이 나오는 빈집이 있다는 민혁이의 말을 듣고 호기심이 발동해 귀신 탐험을 하기로 한다.

일이 일어난 차례 알기

2 ① 나는 귀신이 나오는 빈집이 있다는 말을 듣고, 동생과 민혁이와 함께 빈집에 갔다. → ② 우리가 방 안에 들어서자 갑자기 바람이 불어 방문이 잠겼다. → ④ 방문이 열리지 않자, 나는 할머니께 전화로 도움을 요청한다. → ⑤ 구급 대원 아저씨들이 오셔서 방문을 열어주셨다. → ③ 어른들은 우리가 다치지 않았다는 걸 확인하시고, 다친 줄 알았던 오해를 푸셨다.

소리가 비슷한 낱말 파악하기

3 허름한 빈집에 갇힌 아이들이 '닫혔다'라고 한 말을 할머니는 소리가 비슷한 다른 낱말인 '다쳤다'로 오해하였다.

소리가 비슷한 낱말 파악하기

4 (1) '마음이나 가슴, 속 등을 태우는 듯이 조조해하며.'라는 뜻이 '졸이매'가 알맞다. '조리매'는 '음식 등을 국물 없이 바짝 끓이매.'의 의미이다.
(2)는 '신체에 상처가 생기다.'라는 뜻의 '다치지'가 알맞다. '닫히지'는 '열린 문이나 나무, 서랍 등이 제자리로 다시 제자리로 가지.'의 의미이다.

인물의 마음 짐작하기

5 귀신 탐험을 위해 허름한 빈집에 도착한 '나'가 겁이 났다고 했으므로 마당에 들어선 삼총사는 두려움을 느끼고 있다고 짐작할 수 있다.

이어질 대화 내용 추론하기

6 '나'가 오싹한 기분이 드 까닭은 분명히 아까는 문이 안 열렸는데 구급 대원 아저씨가 문이 고장이 아니라고 하셨기 때문이다. 민혁이도 '나'와 같은 표정을 짓고 있으므로 '나'와 민혁이는 귀신의 문을 잠갔다고 생각해 대화를 나눌 수 있다.
(2) ㉰에서 '나'가 듣기가 오싹해진 느낌을 받은 까닭과 관련하여 대화가 이어져야 하므로 ㉯의 대화는 글의 흐름상 알맞지 않다.

7 예시 답안 우리가 마음을 졸이며 방 안에 들어서자마자 갑자기 바람이 불며 문이 닫혔다. 나는 할머니께 전화했고, 잠시 후에 구급 대원 아저씨들이 문을 열어 주셨다. 할머니는 우리가 다치지 않고 문을 열고 안심하셨다. 다음부터는 위험한 곳에 가지 말아야겠다.

보기의 낱말을 두 가지 이상 사용하였고, 이야기의 내용을 정확하게 일기로 썼습니다.	:D
보기의 낱말을 한 가지 정도 사용하였고, 이야기의 내용을 정확하게 일기로 썼습니다.	:)
보기의 낱말을 사용하지 못하였고, 이야기의 내용을 정확하게 쓰지 못하였음	:(

04
인물이 처한 상황과 마음

★ 새롭게 되게 되는 날말이나 어려운 날말을 써 보세요.

- 이야기에서 일어난 날일에 ○
- 인물의 마음이 드러나는 부분에 ~
- 인물이 처한 상황에 [ ]

3회독

숙제손 지우

★ 내가 표시한 내용과 답에서 담을 비교하며 읽어 보세요.

삐비 삐삐비, 띠리링.

문이 열리는 소리가 났어요. 하지만 지우는 모른 척하며 눈을 감고 소파에 누워 있었지요. 엄마가 먼저 불러 주기를 기대하면서.
〔기대하는 마음〕

"아들!"

됐어요. 이제 지우는 겨우겨우 눈을 뜨고 힘겹게 말할 생각이에요. "엄마, 나 넘어져서 다쳤어."라고요. 그런데 엄마가 빠르게 말을 이었어요.

"숙제 있니?"

▲ 엄마는 지우가 넘어져서 다친 걸 모르고 숙제가 있냐고 물어봤어요.

[엄마는 지우에게 등을 돌린 채 지우 책가방을 뒤적였어요.] 지우는
〔인물이 처한 상황 이야기에서 알 수 있는 일 화가 난〕

발각 성이 나서 저도 모르게 몸을 일으키며 외쳤어요.

"나 다쳤어! 무릎을 움직일 수가 없다고."

땅을 빼고 보니 마음에 좀 걸렸어요. 사실 그 정도는 아니거든요. 하지만 이렇게 말하지 않으면 엄마는 숙제 이야기만 할 것 같았지요. 엄마가 찔끔하며 놀랐어요.

"뭐? 왜?"

["축구 반에서 뛰다가 앉아졌다고!"]

지우는 씩씩거리며 엄마 눈앞에 무릎을 들이밀었어요. 엄마는 지우 무릎에서 보일 듯 말 듯 그어진 두어 개의 실금을 보았어요. 그걸 보니 아이가 없었지요.

▲ 지우는 엄마에게 다친 무릎을 보이며 성을 내었어요.

["겨우 조금 긁힌 거 갖고 엄살은! 괜히 꼼짝 대지 말고 숙제부터 해.

2학년이 됐으면 앉아서 좀 해라. 한 시간 동안 꼭 쉬었지? 이제 엄마 왔으니 얼른얼른 움직여!"]

▲ 엄마는 지우에게 꼼꼼히 대지 말고 숙제부터 하라고 말했어요.

지우는 학교를 다니고, 엄마는 직장을 다녀요. 지우가 학교 수업, 방과 후 수업, 학원 수업까지 마치고 집에 오면 오후 다섯 시 반쯤 되지요. 엄마가 퇴근해서 오는 시간은 여섯 시 반 정도예요. 처음에 엄마는 그 한 시간 사이에 숙제를 해 놓으라고 했었어요. 그때 지우는 볼멘소리로 이렇게 대구했어요.

"엄마나 힘든 줄 알아? 나도 좀 쉬어야 할 것 아니야."

지우의 말을 듣고 엄마는 잠시 기가 막혔지만 인심을 쓰기로 했어요.

"좋아. 그 대신 엄마 올 때까지만 쉬고, 엄마 오면 바로 숙제하기야."

▲ 지우가 볼멘소리로 대꾸하자, 엄마는 쉬다가 엄마가 오면 바로 숙제하라고 했어요.

지우는 그것도 싫었어요. 하루 종일 바빴는데 쉬는 건 겨우 한 시간이라니요. 그래도 평소 같으면 숙제하라는 말과 공부를 챙겨 주방 식탁에 앉았을 거예요. 비록 엄마 뒤통수와 엉덩이만 보이더라도 가까이 있고 싶으니까요. 하지만 오늘은 달라요. 아까 뛰다가 앉아졌을 때 엄마나 놀라고 아팠는지 몰라요. 그런데 엄마는 어째튼 지라도 무심하게 숙제하라는 말만 하는지…… (지우는 자기 방으로 들어가 문을 닫아버렸어요.)
〔서운한 마음〕

▲ 지우는 엄마의 무심한 말에 자기 방으로 들어가 문을 닫았어요.

주제 읽기

1 숙제   2 꼼꼼   3 무심

32~33쪽

1 숙제 **2** ③ **3** ①, ④ **4** (1) ② (2) ① **5** 유나 **6** ②
7 예시 답안 참고

꼼꼼한 이해

내용 이해하기

1 지우는 다쳐서 놀라고 아팠던 자기 마음을 엄마가 알아주지 않고 숙제 이야기만 하자, 평소와 다르게 자기 방으로 들어가 문을 닫아 버렸다.

일이 일어난 차례 알기

2 ③ 엄마가 집에 오자마자 지우에게 숙제 있냐고 물으며 지우의 책가방을 뒤졌다. ➡ ④ 지우는 엄마에게 무릎을 들이밀며 뛰다가 엎어졌다고 말했다. ➡ ① 엄마는 지우의 무릎에서 두 개의 실금을 보았다. ➡ ⑤ 엄마가 지우에게 괜히 핑계 대지 말고 숙제부터 하라고 말했다. ➡ ② 이 말을 들은 지우는 속상한 마음에 자기 방으로 문을 닫고 들어갔다.

개념의 적용

인물의 마음 파악하기

3 지우는 축구 반에서 뛰다가 엎어져 다친 자신에게는 관심이 없고, 숙제 이야기만 하는 엄마에게 화가 나고 서운한 마음이 들었을 것이라고 짐작할 수 있다.

인물의 상황과 마음 파악하기

4 (1) 지우는 '엄마가 먼저 불러 주기를 기대하면서' 소파에 누워 있었으므로 기대하는 마음을 품고 있음을 알 수 있다.
(2) 엄마는 다쳐서 '무릎을 움직일 수가 없다고 말한' 지우의 상처를 보고 '겨우 조금 긁힌 거 같고 엄살'을 부린다고 했으므로 지우의 상처를 보고 황당한 마음이 들었을 것이다.

생각과 판단

적용하기

5 지우는 다친 자신을 무심하게 대하고 숙제만 이야기하는 엄마에게 서운함과 속상함을 느끼고 있다. '유나'는 동생이 잘못한 일로 자신만 혼나서 속상했으므로 이 이야기의 지우와 비슷한 경험을 했다고 볼 수 있다.

- 도하 ➡ 뿌듯한 마음을 느낀 경험을 이야기하고 있다.
- 우주 ➡ 초조함과 안도감을 느낀 경험을 이야기하고 있다.

추론하기

6 지우는 엄마에게 넘어졌다고 말하면 숙제 이야기만 할 것 같아 무릎을 움직일 수 없다고 ㉮처럼 이야기하였다. 이러한 지우의 모습으로 보아 엄마가 아픈 자신의 마음을 알아주고 관심 가져 주길 원한다는 것을 엄마에게 솔직하게 말해 보라고 이야기해 줄 수 있다.

달곰한 생각 펼치기

7 예시 답안

지우의 말	"엄마 정말 너무해! 내 맘도 몰라주고."
지우의 행동	지우는 침대에 엎드려서 울음을 터뜨렸어요.
엄마의 말	"지우야 문 좀 열어 봐. 왜 그러는 거야?"
엄마의 행동	엄마는 답답한 마음에 닫힌 문을 두드렸어요.

😆	인물이 처한 상황에 알맞은 말과 행동을 모두 썼습니다.
🙂	인물이 처한 상황에 알맞은 말과 행동 중에서 두세 가지만 썼습니다.
🙁	인물이 처한 상황에 알맞은 말과 행동을 모두 쓰지 못하였습니다.

05

소개하는 글의 특징

- 소개하는 대상에 ○
- 소개하는 대상의 특징에 ~~~
- 이 글을 쓴 목적에 [ ]

★ 새로 알게 된 낱말이나
어려운 낱말을 써 보세요.

_____

_____

_____

3회독 ★ 내가 표시한 내용과 해시 답을 비교하며 읽어 보세요.

우리 마을을 소개합니다

[자랑할 것이 많은 우리 마을을 소개할게요.] 먼저 우리 마을은 세쪽
달콤하고 맛있는 사과가 유명해요. 우리 마을 곳곳에 사과 농장이
매우 많아요. 봄이 오면 사과나무에서 하얗게 꽃이 피고, 그 꽃향기가 마을을
가득 채워요. 여름에는 뜨거운 햇살을 받고 푸른 사과 열매가 무럭무럭 자
라요. 가을은 우리 마을이 가장 아름다운 계절이에요. 빨갛게 익은 사과가
나무마다 주렁주렁 매달려 서로 모습을 뽐내가든요. 이때는 우리 마을이
가장 바쁜 시기이기도 해요.

▲ 우리 마을은 사과로 유명해요.

우리 마을 사람들은 서로 도우며 생활해요. 사과나무의 가지치기부터
잡초 뽑기, 사과 따기, 포장하기 등 각 사과 농장에서 필요한 일들을 모여
서 함께해요. 이야기를 주고받으며 일하다 보면 힘든 일도 가뿐히 해낼 수
있어요. 또 어려운 일이 생기면 서로 도와요. 아픈 사람이 있으면 음식을
가져다주거나 병원에 데려다줘요. 이렇게 서로 돕는 우리 마을 사람들은
커다란 가족과 같아요.

▲ 우리 마을 사람들은 서로 도우며 생활해요.

우리 마을은 벽화로도 유명해요. 많은 사람이 도시로 떠나면서, 우리 마
을에는 빈집이 늘었어요. 마을 사람들은 이 문제를 해결하려고 머리를 맞
대고 고민했어요. 이 과정에서 빈집과 마을의 모든 집에 벽화를 그리게 되
었어요. 벽화에는 마을의 자랑인 사과나무와 마을 사람들의 모습을 담았
어요. 이웃 마을과 어니 오빠들과 마을 사람들이 같이 색칠하고, 어
린이들은 손바닥 찍기도 하며 벽화를 완성하였어요. 벽화는 잎에서 있으

로 전해지며 유명해졌어요. 덕분에 요즘 우리 마을은 많은 사람이 찾아오
는 명소가 되었어요.

▲ 우리 마을은 벽화로도 유명해요.

또 우리 마을에서는 매달 첫 번째 토요일에 벼룩시장이 열려요. 사용하
지 않는 물건들을 사고팔고, 먹거리 장터도 열려요. 방문객을 위해 마을에
서 생산되는 사과와 사과즙도 판매해요. 더불어 영화 상영이나 공연 등 다
양한 행사를 열기도 해요. 이날은 우리 마을 사람뿐 아니라 누구나 참여하
며 즐길 수 있는 축제의 날이에요.

▲ 우리 마을에는 매달 첫 번째 토요일에 벼룩시장이 열려요.

이처럼 우리 마을은 아름다운 자연과 자연과 따뜻한 사람들, 그리고 다양한 문
화가 어우러진 곳이에요. 우리 마을이 궁금하다면 한번 놀러 오세요. 아름
다운 벽화와 커다란 사과나무들이 여러분을 반갑게 맞이할 거예요!

▲ 우리 마을은 아름다운 자연과 따뜻한 사람들, 다양한 문화가 어우러진 곳이에요.

주제 확인

1 사과   2 벽화   3 벼룩시장

1 우리 마을 **2** ① **3** (2)○(3)○ **4** (1)③(2)②(3)①
5 ㉢ **6** (2)○ **7** 예시 답안 참고

소개 대상 파악하기

1 이 글은 자랑할 것이 많은 '우리 마을'을 소개하는 글이다.

내용 파악하기

2 '빈집'은 많은 사람이 도시로 떠나면서 늘게 된, 우리 마을의 문제이다.
② 많은 사람이 찾아올 만큼 유명해진 벽화는 우리 마을의 자랑거리이다.
③ 새콤달콤하고 맛있는 사과는 우리 마을의 자랑거리이다.
④ 매달 첫 번째 토요일에 열리는 벼룩시장은 우리 마을의 자랑거리이다.
⑤ 가족처럼 서로 도우며 생활하는 사람들은 우리 마을의 자랑거리이다.

소개하는 글의 특징 파악하기

3 소개하는 글은 그 대상의 특징을 모르는 사람에게 알려 주기 위해 쓴 글이다. 따라서 이 글은 마을을 방문하는 관광객이나 농촌을 모르는 도시 아이들에게 읽어 줄 만하다.

(1) ➡ 마을 주민들은 이미 우리 마을에 대해 잘 알고 있으므로 소개할 대상으로 보기 어렵다.

소개하는 내용 파악하기

4 (1) 이 글에서 마을의 자연은 사과 농장의 사계절로 소개하고 있다.
(2) 마을의 문화는 벼룩시장에서 열리는 먹거리 장터와 영화 상영 등으로 소개하고 있다.
(3) 마을 사람들에 대해서는 사과 농장에서 일손이 필요한 일들을 모아서 함께 하고 어려운 일이 생기면 서로 돕는다고 소개하고 있다.

내용 적용하기

5 오래된 빈집을 마을 사람들이 호텔로 만들어 명소가 된 사례는 ㉢의 마을 사람들이 빈집에 벽화를 그려 명소가 된 사례와 관련이 있다.

내용 추론하기

6 이 글에서 사과가 유명한 농촌 마을을 소개하고 있으므로 사과 농장을 홍보하는 포스터를 그리는 것이 알맞다.

7 예시 답안 김은우입니다. 은우는 눈이 크고 얼굴이 까무잡잡합니다. 은우는 조용하지만, 친구들을 가장 잘 도와주는 착한 아이입니다. 은우는 축구를 좋아하고, 공부를 아주 잘합니다.

XD	보기의 내용을 세 가지 정도 사용하여 소개하는 글을 잘 썼습니다.
:)	보기의 내용을 두 가지 정도 사용하여 소개하는 글을 썼습니다.
:(	보기의 내용을 한 가지 정도 사용하여 소개하는 글을 썼습니다.

06

V 오늘의 시

- 아이가 종이로 만든 것에 ○
- 시의 중심 글감에 ~~~
- 아이의 마음이나 태도 부분에 [ ]

3회독 종이접기

중심 글감

1연

나비와 놀고픈
종이가 있었어요.
아이는 얼른
(종이꽃)을 접어 주었지요.
종이로 만든 것

2연

바다로 가고픈
종이가 있었어요.
아이는 얼른
(종이배)를 접어 주었지요.

3연

하늘을 날고픈
종이가 있었어요.
아이는 얼른
(종이학)을 접어 주었지요.

4연

그런데 아이에게
고민이 생겼어요.
["다시 나무가 되고픈
종이는 어떡하지?"]
당황스러운 마음

★ 새로 알게 된 낱말이나
어려운 낱말을 써 보세요.

나만의 표현 내기 ★ 내가 시인이라면 중심 글감을 다른 표현으로 바꿔 보세요.

1연

아이가 색종이로 종이접기를 했다. 아이는 나비와 놀고 싶은 종이를 위해 종이꽃으로 접어 주었다.

2연

아이가 파란색 색종이를 꺼냈다. 아이는 바다로 가고 싶은 종이를 위해 종이배를 접어 주었다.

3연

아이가 하늘색 색종이를 꺼냈다. 아이는 하늘을 날고 싶은 종이를 위해 종이학을 접어 주었다.

4연

종이접기를 하며 즐거워하던 아이에게 고민이 생겼다. 아이는 종이가 다시 나무가 되고 싶어 하면 어떻게 해야 할지 생각에 잠긴다.

어휘 정리

1 종이   2 종이배   3 고민

46~47쪽

1 (1) ○ **2** ⑤ **3** ② **4** (1) ○ **5** ① **6** 예시 답안 참고

내용 이해하기

1 1연에서 아이는 나비와 놀고 싶어 하는 종이를 위해 열른 종이꽃을 접어 주었다.

(2) 2연에서 아이는 바다로 가고 싶은 종이를 종이배로 접어 주었다.

(3) 3연에서 아이는 하늘을 날고 싶은 종이를 종이학으로 접어 주었다.

내용 파악하기

2 4연에서 아이는 종이가 다시 나무가 되고 싶어 하면 어떻게 해야 할지 고민하고 있다.

중심 글감 파악하기

3 시를 쓰는 대상이 되는 재료를 시의 글감이라고 한다. 이 시는 아이가 종이 접기 과정에서 느끼는 즐거움과 고민을 표현하였으므로 이 시의 중심 글감은 '종이접기'이다.

비슷한 글감 파악하기

4 이 시의 글감은 '종이접기'이다. 학교에서 색종이로 종이접기를 한 경험을 쓴 (1)의 글도 이 시와 글감이 같다.

(2) 이 시의 글감은 '종이배'이다.

감상하기

5 이 시는 종이접기를 하면서 느끼는 상상의 즐거움이 표현되어 있다. 4연에서 '다시 나무가 되고포 종이'는 본래의 모습으로 돌아가는 것, 종이접기로 표현하기 어려운 상황을 제거 있게 표현한 것이다. 아이는 종이가 한 단심하기보다는 혼란스러운 마음이 들었을 것이다.

6 예시 답안 1연: 털실을 그려 주었지요.
2연: 우주선을 그려 주었지요.

:D	글감과 관련 있는 낱말을 사용하였고, 기존 시의 리듬감을 살려 시를 바꾸어 썼습니다.
:)	글감과 관련 있는 낱말을 사용하였지만, 기존 시의 리듬감을 살려 시를 바꾸어 쓰지 못하였습니다.
:(	글감과 관련 있는 낱말을 사용하지 못하였고, 기존 시의 리듬감을 살려 시를 바꾸어 쓰지 못하였습니다.

07
정보를 전달하는 글을 읽는 이유

- 중심 글감에 ○
- 컵라면의 과학 원리를 설명한 부분에 ~~~
- 각 문단의 중심 문장에 [　]

★ 새로 알게 된 낱말이나 어려운 낱말을 써 보세요.

3회독 ★ 내가 표시한 내용과 예시 답을 비교하며 읽어 보세요.

컵라면에 숨은 과학

1 우리는 갑자기 배가 고플 때나 나들이를 갈 때, 라면 대신 (컵라면)을 먹어요. _{중심 글감} [컵라면은 뜨거운 물을 부어 짧은 시간 동안 조리하는 간편한 라면이에요.] _{중심 문장} 컵라면은 편리해서 많은 사람이 자주 찾지요.
▲ 컵라면은 간편한 형태의 음식이에요.

2 [컵라면은 1971년 라면 회사에서 일하던 안도 모모후쿠가 발명하였어요.] 모모후쿠는 미국에 출장 갔을 때, 냄비가 없어 라면을 어떻게 먹을지 고민하는 사람들을 보았어요. 그들은 종이컵에 뜨거운 물을 부어 면을 불려 먹었어요. 이 모습을 본 모모후쿠는 연구를 거듭하여 컵라면을 만들었어요.
▲ 컵라면은 1971년 안도 모모후쿠가 발명했어요.

3 [컵라면의 면은 빠르게 익도록 만들어졌어요.] _{컵라면의 과학 원리} 컵라면의 면은 굵기가 일반 라면보다 얇고, 면에 미세한 구멍이 있어요. 그래서 면이 뜨거운 물을 빠르게 흡수하여 금방 익어요. 또 면을 자세히 살펴보면, 위쪽은 촘촘하고 아래쪽은 드성드성하게 배열되어 있어요. 이렇게 하면 뜨거운 물이 위쪽까지 잘 전달되어, 면이 골고루 익어요. 이것은 뜨거운 물이 아래에서 위로 이동하는 원리를 이용한 것이에요. 마지막으로 달리 컵라면은 밀가루를 많이 넣는 일반 라면과 달리 감자나 옥수수로 만든 전분을 많이 넣어요. 밀가루보다 전분이 더 빨리 익기 때문이에요.
▲ 컵라면의 면은 빠르게 익도록 만들어졌어요.

4 [컵라면 그릇은 휴대가 간편하고 보온이 뛰어나요.] _{컵라면 그릇에 대한 설명} 컵라면 그릇은 가벼운 종이로 만들어요. 그래서 어디든 가지고 다니기 편해요. 또 얇은 종이를 여러 번 겹쳐서 만들어서, 뜨거운 물이 오랫동안 식지 않아요. 그릇 모양을 위쪽은 넓고 아래쪽은 좁은 사람은 간편한 라면이에요. 그릇 모양을 위쪽은 넓고 아래쪽은 좁게 만드는데 이러한 모양은 그릇 아래쪽에 공간을 만들어 면을 그릇 가운데 있게 해요. 그래서 뜨거운 물이 위로 이동하면서 면이 골고루 익게 도와주지요.
▲ 컵라면 그릇은 휴대가 간편하고 보온 효과가 뛰어나요.

5 [이처럼 컵라면에는 다양한 과학의 원리가 숨어 있어요.] 덕분에 우리는 언제 어디에서나 컵라면을 맛있게 먹을 수 있지요. 이제부터는 컵라면을 먹기 전에 컵라면에 담긴 과학의 원리를 먼저 살펴보세요. 알고 먹으면, 두 배로 맛있는 컵라면을 즐길 수 있을 거예요.
▲ 컵라면에 숨은 과학의 원리 덕분에, 우리는 컵라면을 맛있게 먹을 수 있어요.

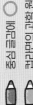
구조 읽기

1 컵라면 2 면 3 그릇 4 과학

정보를 전달하는 글 파악하기

4 (1) 컵라면의 면에는 라면을 잘 익도록 만드는 과학의 원리가 숨어 있다. 면이 빠르게 익도록 공기가 없는 면에 미세한 구멍을 내어 위쪽은 촘촘하고 아래쪽은 듬성듬성하게 만든다.

(2) 컵라면의 그릇에도 과학의 원리가 숨어 있다. 컵라면 그릇은 휴대가 간편하고 보온성을 높이기 위해서 가벼운 종이를 여러 면 겹쳐서 만든다. 또 그릇 모양을 위쪽은 넓고 아래쪽은 좁게 만들어 뜨거운 물이 위로 이동하면서 면이 골고루 익는다.

내용 추론하기

5 컵라면의 면에 관련된 설명이므로 컵라면의 면에 대한 정보를 알려주고 있는 ③ 문단과 관련이 있다.

6 **예시 답안** 먼저 라면 국물이 배어 있는 그릇은 일반쓰레기 봉투에 담아 버린다. 컵라면 뚜껑은 비닐이나 플라스틱 재질별로 배출한다. 먹고 남은 음식물은 음식물쓰레기 봉투에 담아 버린다.

:D	컵라면의 그릇 뚜껑, 음식물의 분리수거 방법을 모두 잘 썼습니다.
:)	컵라면의 그릇 뚜껑, 음식물의 분리수거 방법 중에서 두 가지를 썼습니다.
:(	컵라면의 그릇 뚜껑, 음식물의 분리수거 방법 중에서 한 가지를 썼습니다.

52~53쪽

1 ⑤ 2 촘촘 3 (3)○ 4 (1) 면 (2) 그릇 5 ③
6 예시 답안 참고

중심 글감 파악하기

1 이 글은 컵라면의 발명 이야기와 컵라면에 숨은 과학의 원리를 설명하는 글이다.

세부 내용 파악하기

2 4 문단에서 컵라면 그릇은 얇은 종이를 여러 면 겹쳐서 만들어서 뜨거운 물이 오랫동안 식지 않는다고 하였다.

• 서연: 컵라면 그릇을 가벼운 종이로 만든 것은 컵라면이 휴대가 간편한 까닭에 해당한다.
• 성진: 컵라면 그릇을 위쪽은 넓고 아래쪽은 좁게 만든 것은 컵라면의 면이 고루 익을 수 있는 까닭에 해당한다.

정보를 전달하는 글을 읽는 이유 파악하기

3 정보를 전달하는 글을 읽으면 몰랐던 사실을 알게 되고, 일상생활에 도움이 되는 유익한 정보를 얻을 수 있다.

08 글자와 다르게 소리 나는 낱말

- 글쓴이가 견학한 장소에 ○
- 글자와 다르게 소리 나는 낱말에 ~~
- 가장 좋았던 체험에 [ ]

3회독 ★ 내가 표시한 내용과 해시 답을 비교하며 읽어 보세요.

그림책 미술관을 다녀와서

엄마, 동생과 함께 (그림책 미술관)을 견학하였어요. 엄마는 책과 미술을 한자리에서 만날 수 있는 특별한 장소인 될 거라고 말씀하셨지요. 지하철을 타고 가는 동안 동생과 나는 그림책 미술관이 어떤 곳일지 상상하며 이야기를 나누었어요.

▲ 나는 엄마, 동생과 함께 그림책 미술관에 갔어요.

미술관에는 많은 그림책이 전시되어 있었어요. 커다란 책, 동그란 모양의 책, 글자 없이 그림만 있는 책, 펼칠 때마다 그림이 튀어나오는 책 등을 구경했어요. 신기하고 재미있었어요. 전시관 곳곳에는 그림책을 읽을 수 있는 곳도 있었어요. 그림책을 직접 보고 만질 수 있어서 참 좋았어요. 잠시 후 엄마가 다른 전시관도 가 보자고 하셨어요. 나는 아쉬웠지만 발걸음을 옮겼어요.

▲ 첫 번째 전시관에서 그림책 전시를 보고 그림책을 읽었어요.

다음 전시관은 그림책 속 그림을 그리는 다양한 재료를 체험하는 곳이었어요. 목탄, 물감, 색연필 등으로 그림을 직접 그려 보았어요. 나는 목탄이 가장 신기했어요. 엄마가 목탄은 나무를 태워서 만든 숯이라고 알려 주셨어요. 고기 구울 때도 쓴대요. 처음에는 숯으로 그림이 그려질지 걱정했어요. 그런데 힘을 주는 방향이나 세기에 따라 선의 굵은 정도도 달라지고, 색깔도 되는 게 놀라웠어요. 또 물감도 체험했어요. 서로 다른 색의 물을 섞으니 또 다른 색이 나오고, 물을 섞으면 진하기가 달라지는 게 재미있었어요.

▲ 두 번째 전시관에서 그림책 속 그림을 그리는 재료를 체험하였어요.

[마지막은 직접 그림책을 만들어 보는 곳이 갔어요. 책상 위에 다양한 색칠 도구가 놓여 있었어요. 동생과 나는 얼른 책상에 앉아 그림을 그렸어요. 나는 엄마, 아빠와 바닷가에 갔던 경험을 그림과 이야기로 표현했어요. 완성한 그림책을 전시해 주는 곳에 냈어요. 잠시 후 앞에 있던 텔레비전 화면에 그림책이 한 장 한 장 펼쳐졌지요. 나는 정말 뿌듯했어요.]

▲ 마지막 전시관에서 그림책을 직접 만들어 전시하였어요.

어느덧 돌아갈 시간이 되어 미술관을 나왔어요. 그림책 미술관은 정말 재미있었어요. 그림책과 더 가까워졌지요. 내가 직접 그림책을 만드는 게 가장 좋았어요. 내 그림과 글이 책이 되어 되다니 멋졌죠. 다음에 그림책 미술관에 꼭 다시 가고 싶어요.

▲ 그림책 미술관 견학은 정말 재미있었어요.

★ 새로 알게 된 낱말이나 어려운 낱말을 써 보세요.

1 미술관 2 구경 3 재료

58~59쪽

1 ④ 2 ②, ①, ⑤, ④ 3 ②, ④, ⑤ 4 (1)① (2)② 5 (2)○
6 재현 7 예시 답안 참고

글의 목적 파악하기

1 이 글은 그림책 미술관에 대한 견학 기록문으로 글쓴이가 미술관을 다녀온 경험과 느낌을 쓴 글이다.

읽어 읽어낸 차례 읽기

2 ③ 글쓴이는 그림책 미술관에 갔다. → ② 첫 번째 전시관에서 그림책을 구경하였다. → ① 그리고 그림책을 읽었다. → ⑤ 두 번째 전시관에서는 그림 그리는 재료를 체험하였다. → ④ 마지막 전시관에서 그림책을 만들어 전시하였다.

겹받침 파악하기

3 서로 다른 두 개의 자음으로 이루어진 받침은 겹받침이다. '많다', '앉다', '읽다'는 겹받침에 해당된다.
①, ③, ⑥ → 서로 같은 두 개의 자음으로 이루어진 받침은 쌍받침이다. '갔다', '섞다', '있다'는 쌍받침에 해당된다.

겹받침의 발음 파악하기

4 '많은', '앉아'와 같은 낱말은 겹받침을 구성하는 두 개의 자음 중 앞에 자음을 발음한다. '많은'은 [마는]으로, '앉아'는 [안자]로 발음된다.

내용 추론하기

5 이 글의 글쓴이는 그림책 미술관에서 엄마, 아빠와 바닷가에 갔던 경험을 그림과 이야기로 표현했다고 하였으므로 (2)와 같은 그림책을 만들었을 것이라고 짐작할 수 있다.

내용 적용하기

6 책과 미술이 함께하는 경험을 한 진구는 책을 읽고 인상 깊은 장면을 가상에 그리는 활동을 한 '재현'이다.
• 준서 → 이야기책을 사서 읽는 것은 책에 대한 경험으로, 미술이 함께 한 경험을 했다고 보기 어렵다.
• 나연 → 마을의 자연을 탐험하고 생태 지도를 그린 것은 자연과 미술을 함께 한 경험으로, 책이 함께 한 경험을 했다고 보기 어렵다.

7 예시 답안 나는 주말에 가족과 동물원을 갔다. 풀밭에 누워 있는 호랑이는 한 마리밖에 없었다. 나무에 앉아 있는 원숭이들도 보았다. 이 외에도 미어캣, 코끼리, 기린 등 많은 동물을 만나서 좋았다.

	보기의 낱말 세 가지를 모두 사용하여 경험한 일과 느낌을 썼습니다.
	보기의 낱말 두 가지를 사용하여 경험한 일과 느낌을 썼습니다.
	보기의 낱말 한 가지를 사용하여 경험한 일과 느낌을 썼습니다.

09

이야기의 흐름

3회독 ★ 내가 표시한 내용과 예시 답을 비교하며 읽어 보세요.

우물에 빠진 천문학자

저녁만 되면 별들을 보기 위해 밖으로 나가는 천문학자가 있었어요. 그날

도 천문학자는 날이 어두워지자마자 하늘을 관찰하기 위해 집을 나섰어요.

"오늘은 하늘이 흐리군. 내일은 비가 올지도 모르겠어."

[천문학자는 평소처럼 하늘만 보며 걷고 있었어요. 그러다가 발을 헛디

디며 깊은 구멍으로 떨어졌어요.] 구멍이는 동네 한가운데 있는 우물이었

어요. 처음에 정신없이 버둥거리던 천문학자는 정신을 차리고 일어서니

물은 허리까지 밖에 올라오지 않았어요. 물이 깊지 않다는 걸 깨달은 천문

학자는 잠시 안심했어요.

▲ 하늘만 보고 걷던 천문학자가 우물에 빠졌어요.

"물이 깊지 않아서 정말 다행이군. 그나저나 여길 어떻게 빠져나가지?"

하늘의 모든 걸 아는 천문학자였지만 우물에서 나갈 방법은 떠오르지

않았어요. 시간이 지날수록 천문학자는 두려워졌어요.

"살려 주세요. 사람이 빠져 있어요!"

천문학자가 우물 속에서 소리쳤어요. 그러나 그 소리는 우물 안에서만

울려 퍼질 뿐이었어요. 천문학자는 몸이 점점 떨렸어요. 저녁이라 차가운

물 속이 더 차갑게 느껴졌지요. 이대로 있다가는 큰일 날 것 같은 생각이

들었어요.

"살려 주세요. 사람 살려요!"

천문학자는 다시 소리치기 시작했어요.

▲ 우물에서 나갈 방법을 떠올리지 못한 천문학자는 살려달라고 소리쳤어요.

그때 근처를 지나가던 농부가 천문학자의 목소리를 듣고 다가왔어요.

농부는 우물에 사람이 빠진 걸 보고 깜짝 놀라 물었어요.

"어째서 우물 속에 있는 건가요?"

"너무 춥소. 일단 여기서 나 좀 꺼내주시오."

천문학자의 말에 농부는 밧줄을 가져와 우물 아래로 던졌어요. 천문학

자는 농부의 도움으로 우물을 빠져나올 수 있었지요.

▲ 천문학자는 지나가던 농부의 도움으로 우물에서 빠져나왔어요.

"밤에 뭘 하다가 우물에 빠진 건가요?"

농부의 질문에 천문학자가 헛기침하며 점잖게 대답했어요.

"별을 보며 하늘의 뜻을 읽다가 물에 빠지게 되었소"

농부는 다시 물었어요.

"하늘을 보느라 땅은 보지 못했다는 말인가요?"

"하늘의 뜻을 아는 것은 일생을 바쳐야 할 정도로 중요한 일이오."

[그러자 농부는 한심하다는 듯 천문학자를 바라보며 말했어요.]

"당신은 하늘의 뜻을 알지는 못하지만 땅 위에 무엇이 있는지는 알지요.

내가 발 디딜 곳이 흙인지 구덩이인지는 구분할 수 있답니다."

그 말에 천문학자는 부끄러워 고개를 들지 못했답니다.

▲ 농부가 하늘을 보느라 땅을 보지 못한 천문학자의 어리석음을 지적하자, 천문학자는
부끄러워 고개를 들지 못했어요.

★ 새로 알게 된 낱말이나
어려운 낱말을 써 보세요.

이야기에서 일어난 일에 ○

난 일에 ○

이야기의 흐름에 ～

이야기의 주제가
드러난 부분에 [ ]

정답 확인

1 우물 2 하늘 3 땅

1 ④ 2 ③ 3 (1)② (2)① (3)③ 4 (1)○ 5 소음 6 ⑤
7 예시 답안 참고

글의 종류 파악하기

1 이 이야기는 천문학자의 이야기를 통해 중요한 일에만 매달리고 주변의 일을 살피지 않으면 어려움에 처할 수 있다는 교훈을 전해주고 있다.

내용 이해하기

2 천문학자가 하늘을 보느라 땅을 보지 못하고 우물에 빠진 어리석음을 지적하고 있다. 따라서 ㉠에는 '하늘'을, ㉡에는 '땅'이 들어가야 한다.

이야기의 글감 파악하기

3 이 이야기의 글감은 땅, 하늘, 우물에 잘 드러나 있다. 땅은 주변의 일, 하늘은 중요한 일, 우물은 주변을 살피지 못해 겪는 어려움을 의미한다.

이야기의 주제 파악하기

4 이 이야기에서 천문학자는 일생을 바쳐야 할 정도로 중요한 일인 하늘의 뜻을 읽다가 우물에 빠지게 되었다. 이 이야기도 천문학자의 일을 통해 중요한 일(하늘)에만 매달리고 주변의 일(땅)을 살피지 않으면 어려움이 닥칠 수 있음(우물)을 말하고 있다.

적용하기

5 '소윤'이는 디자이너를 꿈꾸어서, 디자인 공부 뿐만 아니라 모든 학교 수업을 열심히 듣고 생각의 폭을 넓힐 것임을 짐작할 수 있었다. 이러한 태도는 엄청난 일뿐만 아니라 주변의 일도 살펴야 한다는 이 글의 깨달음을 알맞게 실천한 것이다.

• 아린 ➡ 한 가지 일에만 매달리고 있어 이야기의 교훈과 거리가 멀다.
• 건우 ➡ 모든 일에 무관심한 태도를 보여 이야기의 교훈과 거리가 멀다.

추론하기

6 우물에 빠져서 나오지 못하는 천문학자를 농부가 발견하고 있는 상황이므로, 어려운 경우에 처하더라도 살아 나갈 방도가 생긴다는 말인 '하늘이 무너져도 솟아날 구멍이 있다.'라는 속담과 관련이 깊다.
① 기역자 모양으로 생긴 낫을 보면서도 기역 자를 모른다는 것으로, 아주 무식함을 뜻한다.
② 같은 내용의 이야기라도 어떻게 말하느냐에 따라 달라짐을 뜻한다.
③ 철없이 함부로 덤비는 경우를 뜻한다.
④ 모든 일은 바탕에 따라 거기에 알맞은 결과가 나타남을 뜻한다.

7 예시 답안 집, 잠단, 가시나무, 벽돌,
셋째는 튼튼한 집을 미리 만들어 둔 덕분에 살아남았어요.

(^_^)	글감을 모두 순서에 맞게 나열하였고, 마지막 문장에 이야기의 주제가 드러나게 썼습니다.
(:)	글감을 모두 순서에 맞게 나열하였으나, 마지막 문장에 이야기의 주제가 드러나게 쓰지 못하였습니다.
(:()	글감을 모두 순서에 맞게 나열하지 못했고, 마지막 문장에 이야기의 주제가 드러나게 쓰지 못하였습니다.

10 제목에서 알 수 있는 내용

3호독 ★ 내가 표시한 내용과 예시 답을 비교하며 읽어 보세요.

바다 보물의 정체

1 지난 주말, 우리 가족은 동해에 놀러 갔어요. 새파란 바다와 하얀 모래사장이 우리를 반겨 주었어요. 아빠와 엄마는 시원한 나무 그늘에 돗자리를 깔았어요. 나는 얼른 바다에 뛰어들고 싶었어요. 새로 산 멋진 오리 튜브를 챙겨왔거든요. 탈의실에서 수영복을 갈아입고 준비 운동도 마쳤어요. 아빠가 나를 번쩍 안아 올려 오리 튜브에 태워 주었어요. 나는 오리 목을 꼭 안고 열심히 발을 저었지요.

▲ 지난 주말, 우리 가족은 동해에 놀러 갔어요.

2 그때 저 멀리 바위 근처에 무언가 반짝이는 게 보였어요. 나는 혹시 바다 보물이 아닐까 생각했어요. (제목과 관련된 내용) 그래서 아빠와 엄마에게 바위 근처에 가 보고 싶다고 했어요. 아빠는 내 튜브를 끌고 헤엄쳤고, 엄마도 뒤따라 헤엄쳤지요. 다행히 파도가 잔잔하고 물도 얕았어요. 반짝이는 것에 점점 가까이 위졌어요. 아까보다 더 번쩍번쩍 빛을 냈지요.

▲ 나는 바위 근처에 반짝이는 것을 보고, 바다 보물이 아닐까 생각했어요.

3 엄마는 바위에 도착하자마자 한숨을 쉬었어요. 심지어 눈살을 찌푸리기까지 했어요. 굳이어 아빠와 나도 바위에 도착했어요. 그런데 반짝이던 것은 바다 보물이 아니라, 버려진 쓰레기 더미였어요. 비닐봉지와 페트병, 깡통 같은 쓰레기들이 둥둥 떠다녔어요. 쓰레기들의 햇볕을 받아서 반짝였던 거예요. 엄마 전 텔레비전에서 바다에 버려진 쓰레기가 많다고 해요. (중심 글감) 바다 쓰레기는 장마철이 되면 비에 휩쓸려 온다고 해요. 바다 쓰레기 때문에 다치거나 죽는 해양 동물도 있대요. 특히 귀여운 고래들이 큰 피해를 본다고 해요. 직접 바다 쓰레기를 보고 나니 바다 쓰레기 문제가 정말 심각하다고 느꼈어요.

▲ 우리 가족은 반짝이던 것이 바다에 버려진 쓰레기 더미임을 알게 되어 실망했어요.

4 아빠는 페트병과 비닐을 하나둘 주우며 말했어요. 쓰레기들이 바다를 더 오염시키기 전에, 우리가 가져가자고 말이에요. 엄마도 바다 보물은 못 찾았지만, 바다를 지키는 일에 앞장서자고 했어요. 아느새 엄마의 손에는 비닐이 들려 있었어요. 바다를 지키는 일이라면 나도 빠질 수 없었어요. 나는 오리 튜브 위에 힘껏 손을 뻗었어요. 페트병이 손에 잡혔어요. 오리 튜브 위에 페트병을 하나씩 올려놓았어요. 우리 가족이 마치 바다 청소부가 된 듯했어요.

▲ 우리 가족은 쓰레기를 주웠고, 마치 바다 청소부가 된 듯했어요.

5 우리 가족은 두 손 가득 쓰레기를 들고 모래사장으로 돌아왔어요. 그리고 쓰레기통에 쓰레기를 분리해서 버렸어요. [나는 감자기 얼마 전에 운동장에 버려져 있던 쓰레기들이 떠올랐어요. 비가 온 뒤, 운동장 여기저기 쓰레기가 쌓여 있었어요. 혹시 그 쓰레기들이 바람을 타고 여기까지 날아온 건 아닐까 생각했어요.] (글쓴이가 하고자 하는 말)

▲ 나는 바다 쓰레기가 얼마 전 운동장에 버려져 있던 쓰레기가 아닐까 생각했어요.

6 학교에 가면 선생님과 친구들에게 오늘 본 바다 쓰레기 이야기를 꼭 해 줘야겠어요.

▲ 학교에 가면 선생님과 친구들에게 바다 쓰레기 이야기를 하기로 다짐했어요.

★ 새로 알게 된 낱말이나 어려운 낱말을 써 보세요.

중심 글감에 ○
제목과 관련되는 내용에 ～
글쓴이가 하고자 하는 말에 [ ]

한눈에 정리

1 보물 2 쓰레기

1 쓰레기 2 (1)× (2)○ (3)○ (4)○ 3 (2)○ (4)○ 4 (3)
5 ③ 6 강우 7 예시 답안 참고

중심 글감 파악하기

1 이 글은 바다 쓰레기를 바다 보물로 오해한 일을 이야기하고 있다.

세부 내용 파악하기

2 (1) 바위 근처에서 반짝이던 것은 바다에 버려진 쓰레기 더미였다.

(2) 바다 쓰레기는 장마철이나 태풍이 불면 훨씬 더 많이 온다.

(3) 바다 쓰레기 때문에 바다의 특이 동고래들이 큰 피해를 본다.

(4) 비닐봉지와 페트병, 밧줄 등이 바다에 둥둥 떠다니며 햇볕을 받아 반짝였다.

제목에서 알 수 있는 내용 파악하기

3 이 글의 제목은 '바다 보물의 정체'란 바다 보물이 본래 모습을 알게 된다는 뜻을 담고 있다. 이 제목을 보고 바다 보물처럼 반짝이는 것을 발견하였는데, 가까이 다가가 보니 그 정체가 바다 쓰레기라는 것을 짐작할 수 있다.

제목에 담긴 글쓴이의 생각 파악하기

4 제목은 글을 대표하는 것으로, 글의 중심 내용과 글쓴이의 생각을 담고 있다. 이 글의 글쓴이는 바다 쓰레기 문제의 심각성을 깨닫고 바다에서 주운 쓰레기를 보며 얼마 전 운동장에 버려져 있던 쓰레기를 떠올리고 있다. 따라서 무심코 버리는 쓰레기가 바다를 오염시킨다는 것이 제목에 담긴 글쓴이의 생각으로 알맞다.

내용 추론하기

5 바다 쓰레기 때문에 다친 물개의 이야기는 바다 쓰레기로 다치거나 죽는 해양 동물이 있다고 밝힌 ③문단과 관련이 있다.

감상하기

6 이 글의 글쓴이는 바다에 버려진 쓰레기를 분리해 버림으로써 바다를 지키는 모습을 보이고 있다. 따라서 바다를 지키기 위해서 바다 여행을 금지하자는 의견은 글쓴이의 뜻이라고 보기는 어렵다.

· 서우, 지우: 바다에 가게 되면 바다를 청소한다거나 운동장에 무심코 쓰레기를 버린 것을 반성한다는 내용은 이 글을 읽고 할 수 있는 말로 알맞다.

예시 답안 제목: 만능 사료

아빠께서 사 주신 사료는 내가 가장 아끼는 물건이다. 이 사료를 쓰면 생각나지 않았던 구구단도 잘 떠오르고, 삐뚤빼뚤했던 글씨도 반듯반듯하게 쓰게 된다. 사료를 잡는 순간 내 기분도 덩달아 좋아진다.

😄	소중하게 여기는 물건이나 경험에 대한 글을 쓰고 그 내용에 어울리는 제목을 썼습니다.
🙂	소중하게 여기는 물건이나 경험에 대한 글을 썼으나, 그 내용에 어울리는 제목을 쓰지는 못하였습니다.
🙁	소중하게 여기는 물건이나 경험에 대한 글을 쓰지 못했고, 제목도 쓰지 못하였습니다.

17 시 속 인물의 마음

★ 내가 표시한 내용과 예시 답을 비교하며 따라 읽어 보세요.

3회독

가 양보 안 할래

1연

양보 ← 중심 글감

잠하는 아이가 착한 아이라고 해서

[장난감을 친구에게]
인물이 겪은 일: 장난감을 양보함.

양보 했다 [ ]

▲ 착한 아이가 되고 싶어 친구에게 장난감을 양보했다.

2연

[자꾸 양보 했더니]
인물이 겪은 일: 양보하는 아이가 됨.

나는 양보하는 아이가 됐다 [ ]

▲ 자꾸 양보했더니 친구들은 나를 당연히 양보하는 아이로 생각했다.

3연

마음속으로는
인물의 마음

양보하지 않고 내가 먼저 가지고 놀고 싶었다

▲ 마음속으로는 양보하고 싶지 않았다고 생각했다.

4연

양보하면 착한 아이가 되지만

기분은 안 좋다

▲ 양보하면 기분은 안 좋다.

5연

양보 안 하면 안 되나

아니면 가끔만 하면 안 되나

▲ 양보를 안 하거나 가끔만 하고 싶다.

나 짝 바꾸는 날

1연

한 달에 한 번씩

두근대는 내 마음
짝 바꾸기 전의 마음: 설렘, 두근거림

▲ 한 달에 한 번씩 짝 바꾸는 날은 설렌 마음이 두근댄다.

2연

개그맨 성민이?

보디가드 승용이?

▲ 성민이가 짝이 될지, 승용이가 짝이 될지, 궁금하고 기대된다.

3연

망했다
짝 바뀐 뒤의 마음: 실망함

[태권도 여왕이네]
인물이 겪은 일: 태권도 여왕과 짝이 됨

얌전히 지내보자 [ ]

▲ 태권도 여왕과 짝이 되어 실망했고 얌전히 지내보기로 했다.

시 속 인물의 마음

중심 글감에 ○

인물의 마음을 나타낸 부분에 ~~~

인물이 겪은 일에 [ ]

★ 새로 알게 된 낱말이나 어려운 낱말의 뜻을 써 보세요.

확인해요

1 친구 2 양보 3 두근 4 짝

78~79쪽

1 ①, ④　　2 (1) (한 달에 한 번씩) 짝 바꾸는 날 (2) 교실(학교)
3 (1)② (2)①　　4 ④　　5 인물　　6 (1)○　　7 예시 답안 참고

내용 이해하기

1 시 가에 양보를 안 해도 착한 아이가 되는 방법은 나타나 있지 않으며, '나'는 양보하면 착한 아이가 되지만 기분은 안 좋다고 하였다.
② 자주 양보했다나 '나'는 양보하는 아이가 되었고, 4연에서 기분은 안 좋다고 하였다.
③ 1연에서 양보 잘하는 아이가 착한 아이라고 해서 장난감을 친구에게 양보했다고 하였다.
⑤ 시 가는 장난감을 친구에게 양보한 경험을 바탕으로 그때의 마음을 표현한 시이다.

글감 파악하기

2 시 나는 교실(학교)에서 한 달에 한 번씩 짝 바꾸는 날의 경험을 글감으로 쓴 시이다.

인물의 마음 짐작하기

3 (1) 시 가에서 '나'는 양보하는 아이가 된 것이 기분이 안 좋고, 양보를 하지 않거나 가끔만 하고 싶어 한다.
(2) 시 나에서 '나'는 짝 바꾸는 날 누가 자신의 짝이 될지 마음이 두근대고 설렌다.

인물의 마음 파악하기

4 시 나에서 '나'는 기대했던 친구가 아닌 다른 친구가 짝이 되자 '망했다'라고 표현한 것이다. 따라서 ①은 실망해서 기운 없는 목소리로 읽는 것이 알맞다.

감상하기

5 시 가는 친구에게 양보한 경험을 바탕으로 쓴 시이고, 시 나는 짝 바꾼 날의 경험을 바탕으로 쓴 시이다. 이 시들을 자신의 경험과 비교하여 읽으면 두 시에 드러난 인물의 마음을 더 잘 이해할 수 있다.
• '하진': 시 가는 각 행이 글자 수들 똑같이 맞추어 쓰지 않았다.

인물의 마음 변화 알기

6 시 나에서 '나'는 짝을 바꾸기 전에는 누구와 짝이 될지 기대했으나 짝이 정해진 뒤에 원하는 친구가 아니어서 실망감을 느끼고 있다. (1)에서도 외식에 대한 기대가 한가득이었지만 외식을 할 수 없게 되자 실망감을 느끼고 있다.
(2) → '나'가 제일 좋아하는 엄마표 김치찌개국수를 맛있게 먹는 모습을 표현한 시로 인물의 마음 변화는 나타나 있지 않다.

7 예시 답안 1 시 가: 나라도 기분이 안 좋을 것 같아. 당연히 양보하는 것이 아니다 있어. 친구를 배려하는 마음으로 내가 하고 싶은 것을 참으며 양보하는 거지. 하지만 언젠가는 친구들도 너의 착한 마음씨를 알고 먼저 내게 양보해 줄거야.
예시 답안 2 시 나: 나도 짝 바꾸는 날 엄청 기대하며 짝다가 실망했던 적이 많아서 네 마음이 이해가 돼. 하지만 혹시 알아? 태권도 여왕이랑 진해져서 태권도 여왕이 될지 몰라!

^‿^	시 속 인물이 상황이나 마음을 바탕으로, 인물에게 하고 싶은 말을 알맞게 썼습니다.
^_^	시 속 인물이 상황이나 마음을 바탕으로 인물에게 하고 싶은 말을 썼으나, 인물의 마음을 상하게 할 수도 있는 내용이 담겨 있습니다.
:(	시 속 인물이 상황이나 마음과는 어울리지 않는 내용을 썼습니다.

12

편지의 내용

- 편지를 쓴 사람과 받을 사람에 ◯
- 편지를 쓴 까닭에 ~~~
- 전하고 싶은 마음에 [ ]

3회독 ✦ 내가 표시한 내용과 예시 답을 비교하며 읽어 보세요.

호랑이가 쓴 편지

웅녀에게
받을 사람

안녕! 나는 예전에 동굴에서 나와 같이 지냈던 호랑이야. 기억하지? 난 아직도 우리가 사람이 되기 위해서 동굴에서 쑥과 마늘만 먹던 기억이 생생해. 네가 어떻게 지내는지 궁금했는데 얼마 전 마을에서 네 소식을 듣고 반가워서 편지를 쓰게 되었어.
편지를 쓰는 까닭: 어떻게 지내는지 궁금함. 웅녀의 소식을 듣고 반가움.

▲ 호랑이는 얼마 전 마을에서 웅녀의 소식을 듣고 반가워서 웅녀에게 편지를 쓰게 되었다.

하늘에서 구름을 가르고 환한 빛과 함께 하는 신의 아들인 환웅 님이 내려오던 날 기억하니? 눈이 부실 정도로 온 세상이 빛났잖아. 환웅 님은 바람과 비와 구름을 다스리는 신들과 함께 인간 세상을 다스리고 싶다고 하셨어. 사람들은 신들의 도움을 받아 농사를 짓기 시작했고, 점점 많은 사람이 환웅 님을 따르게 되었지.

▲ 하늘에서 환웅 님이 내려와 인간 세상을 다스렸고, 많은 사람이 환웅 님을 따르게 되었다.

간절히 사람이 되고 싶었던 나는 환웅 님에게 우리가 사람이 될 수 있는 방법을 물어보기도 했어. [웅기 씨서 포바포바 말하던 내 모습이 인상적이었어.] 환웅 님은 쑥과 마늘만 먹으며 백 일 동안 햇빛을 보지 않으면 곰과 호랑이인 우리가 사람이 될 수 있다고 알려 주셨지.
웅녀의 용감함이 인상적이었음.

▲ 곰과 호랑이는 환웅 님에게 사람이 될 수 있는 방법을 물어보았다.

우리는 기대에 부풀어 쑥과 마늘을 들고 동굴로 갔어. 그런데 [난 아무것도 보이지 않는 깜깜한 동굴에서 맛없는 쑥과 마늘만 먹으며 보내는 시간이 너무 힘들었어. 입안에서 살살 녹는 고기만 먹던 나에겐 진짜 견디기 힘든 일이었어. 그래도 사람이 되면 무엇부터 할지 상상하며 나와 이야기
동굴에서 쑥과 마늘만 먹으며 보내는 시간이 너무 힘들었지만 웅녀 덕분에 버텼음.
할 때는 무척 행복했어. 뛰쳐나가려는 나를 말리며 조금만 더 견뎌 보자고 말하던 네 모습이 생각난다. 만약 네가 없었다면 난 하루도 버티지 못했을 거야.]

▲ 호랑이와 곰은 사람이 되기 위해 아무것도 보이지 않는 깜깜한 동굴에서 쑥과 마늘만 먹어 보냈다.

하지만 결국 나는 그 시간을 견디지 못하고 동굴을 뛰쳐나오고 말았어. 나와는 달리 그 시간을 견뎌 내고 사람이 된 너를 축하해 주고 싶은 마음은 굴뚝같으나 한편으로는 질투가 나서 그동안 너에게 연락하지 못했어.

[포기하지 않고 견뎌 내어 마침내 꿈을 이룬 네가 정말 존경스러워. 늦었지만 진심으로 축하해!]
포기하지 않고 꿈을 이룬 웅녀의 모습에 존경과 축하를 전함.

▲ 호랑이가 사람이 된 웅녀에게 진심으로 축하하는 마음을 전하였다.

환웅 님과의 사이에서 남자아이를 낳았다며? 네 아들이 환웅 님의 뒤를 이어 받아 나라를 세우고 널리 인간을 이롭게 하는 훌륭한 사람이 될 거라는 소문이 자자하더라. 환웅 님의 지혜와 너의 힘을 타고난 아이라면 틀림 없이 큰 인물이 될 거야.

▲ 호랑이는 웅녀가 낳은 아들이 큰 인물이 될 것이라고 말했다.

웅녀야, 다음번 마을에 갈 때는 너의 집에 들를게. 호랑이 한 마리가 어슬렁거린다면 너의 옛 친구니까 반갑게 인사해 줘. 잘 지내고 다음에 보자. 안녕!
편지를 쓴 기분: 다음에 만나면 반갑게 만나기를 바람

▲ 호랑이는 웅녀에게 다음에 만나면 반갑게 인사하자고 했다.

호랑이가
쓴 사람

퀴즈 왕! 1 편지 2 환웅 3 동굴

★ 새로 알게 된 낱말이나 어려운 낱말을 써 보세요.

84~85쪽

1 호랑이, 웅녀 2 ④ 3 ③ 4 (1) ① (2) ② 5 해설
6 ㉢ 7 예시 답안 참고

손 사람과 받은 사람 알기

1 이 글은 호랑이가 예전에 동굴에서 같이 지냈던 웅녀에게 쓴 편지이다.

세부 내용 파악하기

2 곰은 쑥과 마늘만 먹으며 백 일 동안 햇빛을 보지 않으면 사람이 될 수 있다는 환웅 님의 말을 듣고, 아무것도 보이지 않는 깜깜한 동굴에서 그 시간을 견뎌 내고 사람이 되었다.
① 호랑이는 곰이 포기하지 않고 끝까지 사람이 된 것을 축하하였다.
② 곰과 호랑이는 환웅 님에게 사람이 될 수 있는 방법을 물었다.
③ 환웅은 바람과 비와 구름을 다스리는 신들과 함께 인간 세상을 다스렸다.
⑤ 호랑이는 그 시간을 견뎌 내고 사람이 된 웅녀를 축하해 주고 싶은 마음은 굴뚝같은데 한편으로는 질투가 났다고 하였다. 사람이 된 웅녀를 지금까지 시샘하고 미워한 것은 아니다.

편지의 특징 파악하기

3 편지는 쓴 사람과 받은 사람이 있다. 쓴 사람이 받은 사람에게 하고 싶은 말과 전하고 싶은 마음을 담아 쓰는 글이다. 글이기 때문에 받은 사람의 이견이 강하게 드러낼 수 없다.

편지의 내용 구별하기

4 (1) 호랑이는 꿈을 이루어 사람이 된 웅녀를 축하하는 마음을 전하고 있다.
(2) 호랑이는 얼마 전 마을에서 웅녀의 소식을 듣고 반가워서 편지를 쓰게 되었다.

인물의 마음 이해하기

5 웅녀는 포기하지 않고 끝까지 견뎌 내어 마침내 사람이 되었다. 줄넘기 연습이 힘들어도 매일 빠짐없이 연습하고 있는 '해솔'이가 힘든 상황에서도 포기하지 않는 웅녀와 비슷한 끈기와 인내심을 가졌다.

추론하기

6 '네 이름이 환웅 님의 뜻을 이어 받아 나라를 세우고 널리 인간을 이롭게 하는 홍익한 사람이 될 거라는 소문'에서 웅녀가 낳은 남자아이가 단군이라는 것을 알 수 있다.

7 예시 답안 그렇게 동굴을 뛰쳐나간 뒤에 너는 어떻게 지내고 있을지 나도 늘 궁금했단다. 나도 가끔 너와 함께 동굴에서 쑥과 마늘을 먹으며 하루하루 버티던 때가 생각나. 너도 조금만 더 견뎌서 마을에서 함께 지낼 수 있었다면 얼마나 좋았을까? 너무 아쉬워. 마을에 오면 꼭 우리 집에 놀러 와. 우리 아들도 보고 못 나눈 이야기도 실컷 하자. 숲속 친구들도 어떻게 지내는지 궁금해. 만나는 날까지 잘 지내고, 안녕!

^_^	호랑이에게 하고 싶은 말이나 전하고 싶은 마음이 잘 드러나도록 알맞은 문장으로 썼습니다.
:)	호랑이에게 하고 싶은 말이나 전하고 싶은 마음을 썼으나, 이 글의 내용과 어울리지 않는 문장이 있습니다.
:(	호랑이에게 하고 싶은 말이나 전하고 싶은 마음을 알맞게 표현하여 쓰지 못했습니다.

13 운동하기 쉬운 한글

3회독 한글 지키기

★ 내가 표시한 내용과 내용에서 담긴 비교하며 읽어 보세요.

🔵 중심 글귀에 ◯
🔵 잘못 사용한 한말 에 〰〰
🔵 마지막 문단의 중 심 문장에 [ ]

안녕하세요, 여러분! 한글날은 세종 대왕이 만드신 한글 을 기념하는 날이에요. 당시에는 우리말을 적을 수 있는 우리글이 없었어요. 그래서 어려운 한자를 발명 우리말을 적어야 했어요. 한글은 우리 고유의 글자랍니다. 하지만 우리는 종종 한글의 소중함을 잊고, 제대로 익히지 않아 잘못 사용하는 경우가 있어요. 오늘은 한글날을 맞이하여 제가 우리말을 잘못 사용하였던 경험을 이야기해 볼게요.

▲ 한글날을 맞이하여 우리말을 잘못 사용하였던 경험을 이야기해 볼게요.

얼마 전 우리 반에서는 한글날을 기념하여 동시 쓰기 대회를 하였어요. 저는 한글의 우수성을 알리는 내용과 세종 대왕에 감사하는 마음을 담아 시를 썼어요. 그리고 떨리는 마음으로 친구들 앞에서 시를 쓰고 발표하였어요.

▲ 한글날을 기념하는 동시 쓰기 대회에서 시를 쓰고 발표하였어요.

🔲
한글

세종 대왕이 만든   누구나
글자의 왕!   배우기 쉬운
                       글자의 왕!
누구나
가리키기 쉬운   자랑스러운
글자의 왕!   우리 한글!
순기억으로 어떤 방향을 알리
기,라는 뜻이 '가리키기'가 아니
라, '깨닫게 하거나 익히게 하기.'
라는 뜻의 '가르치기'를 써야 함.

★ 새로 알게 된 낱말이나
어려운 낱말을 써 보세요.

_____

_____

_____

_____

하기 쉽다며 다음부터는 정확한 낱말을 사용하기 위해 노력하자고 하셨지요. 하지만 저는 하필 한글날 이런 실수를 한 것이 너무 부끄러웠어요. 한글날을 틀리다니! 세종 대왕이 하늘에서 한숨을 쉴 것 같았어요.

▲ 시를 쓸 때 낱말을 혼동하여 잘못 사용하였고, 한글날 한글을 틀린 것이 너무 부끄러 웠어요.

우리는 낱말을 혼동하여 사용하는 경우가 있어요. 지난주에 친구가 "곰 을 잊어버렸어." 하길래 저는 어디에 두었느냐 잘 생각해 보라고 편지를 *잊어버렸다(이어) 잊지 아니하여,라는 뜻으로 잃어버렸어(라고 말해야 함.* 주었거든요. 그런데 곰을 어디에 두었느냐 기억을 못 해 잊어버린 것이 아 나라 곰이 없어진 것이었어요. 낱말을 잘못 사용하는 바람에 전혀 다른 뜻 으로 오해한 거예요.

▲ 지난주에 '잊다'와 '잃다'를 혼동하여 잘못 사용하는 바람에 전혀 다른 뜻으로 오해한 경우가 있었어요.

세종 대왕은 수많은 연구 끝에 누구나 배우기 쉬운 한글을 만드셨어요. 덕분에 우리는 한글을 통해 생각과 느낌을 자유롭게 표현할 수 있게 되었 지요. 그래서 한글을 소중히 여기고 지켜야 해요. [한글을 지키는 첫걸음 *중심 문장* 은 바르고 정확한 낱말을 사용하는 것이에요.] 많이 뜻을 제대로 전하기 위해서는 낱말을 바르게 써야 해요. 모두가 한글을 사랑하고 낱말을 바르 게 사용하기 위해 노력한다면 세종 대왕도 기뻐하시겠죠? 지금부터 우리 모두 한글 지키기의 첫걸음을 떼어 보아요.

▲ 한글을 지키는 첫걸음은 바르고 정확한 낱말을 사용하는 것이에요.

복습하기

1 시   2 혼동   3 정확한

그런데 긴장을 한 탓인지 낱말을 헷갈려 잘못 사용하고 말았어요. 선생 님께서도 잘못 사용한 낱말에 대해 설명 설명해 주셨어요. 그리고 누구나 혼동

1 ③ 2 ① 3 가로치기 4 (3)○ 5 승아 6 ③
7 예시 답안 참고

 이해

글쓴이 목적 알기
1 글쓴이는 '한글을 지키는 첫걸음은 바르고 정확한 낱말을 사용하는 것'이라는 말을 하고자 이 글을 쓴 것이다.

문맥 파악하기
2 세종 대왕이 한글을 만들기 전에는 우리말을 적을 수 있는 우리글이 없어서 어려운 한자를 빌려 우리말을 적어야 했다. 한글은 '한자'를 어려워하는 백성들을 위해 세종 대왕이 만든 우리 고유의 글자이다.

 적용

정확한 낱말 사용하기
3 시의 2연에 사용한 '가리키기'는 '손가락 등으로 어떤 방향이나 대상을 집어서 보이거나 말하거나 알리다.'라는 뜻이다. 2연은 '누구나 익히기 쉬운 글자의 앞'이라는 내용의 어울리기 때문에 '가리키기'가 아니라, '깨닫게 하거나 익히게 하기'라는 뜻을 가진 '가르치기'가 들어가야 한다.
[2연] 누구나
가르치기 쉬운
글자의 앞!

정확한 낱말 사용하기
4 '잊어버리다'는 '한번 알았던 것을 모두 기억하거나 못하거나 전혀 기억하여 내지 못하다.'라는 뜻이고, '잃어버리다'는 '가지고 있던 물건이 자신도 모르게 없어져 그것을 아주 찾지 아니하게 되다.'라는 뜻이다. 공이 없어진 상황이므로 "공을 잃어버렸어."라고 말하는 것이 정확한 표현이다.

 창의 적용

적용하기
5 모르거나 혼동되는 낱말이 있으면 바르고 정확한 낱말을 사용하기 위해서 '승아'처럼 어른께 물어보거나 국어사전을 찾아보는 등 낱말의 정확한 뜻을 알기 위해 노력해야 한다.
• '하진' → 낱말을 잘못 사용한 경우에는 상대방이 내가 한 말을 바르게 이해했는지 알 수 없다.
• '태우' → 글을 읽다가 혼동되는 낱말이 나오면 어른께 물어보거나 국어사전을 찾아보면 서 낱말의 정확한 뜻을 알기 위한 노력을 하는 것이 좋다.

추론하기
6 육이나 줄임말을 사용하면 올바른 우리말을 지킬 수 없게 된다. 따라서 '정확한 낱말 사용하기', '육하지 않기', '줄임말을 사용하지 않기' 등은 '한글을 지키는 방법'에 대한 실천 내용으로 알맞다.

 창의 적용

7 예시 답안 안녕하세요? 저는 늘봄 초등학교 2학년 ○○○입니다. 세종 대왕이 만드신 한글을 저는 일곱 살 때 처음으로 읽고 쓸 수 있게 되었어요. 한글은 알파벳에 비해 적은 글자로 많은 낱말을 만들 수 있어서 배우기가 쉬운 것 같아요. 이렇게 멋진 우리말을 만들어 주셔서 감사합니다!

XD	세종 대왕에게 하고 싶은 말이나 전하고 싶은 마음을 정확한 낱말을 사용하여 썼습니다.
:)	세종 대왕에게 하고 싶은 말이나 전하고 싶은 마음을 썼으나, 잘못 사용한 낱말이 한두 가지 있습니다.
:(	세종 대왕에게 하고 싶은 말이나 전하고 싶은 마음을 알맞게 표현하여 쓰지 못했습니다.

3회독

이 빠진 날

14

마음을 나타내는 말

중심 글감에 ○
마음을 나타내는 말에 ~~~
중심 시간에 [　]

★ 내가 표시한 내용과 예시 답을 비교하며 읽어 보세요.

오늘 저녁은 내가 좋아하는 돼지갈비를 먹는 날이에요. 나는 아빠가 고기 굽는 모습을 지켜보며 고기가 익기만을 애타게 기다렸지요. 드디어 고기가 다 익고, 상추쌈을 싸서 한입 크게 베어 물었어요.

"악!"

고기를 씹으면서 며칠 전부터 [흔들리던 이]를 잘못 건드렸는지 피도 나고 심하게 흔들렸어요. 나는 너무 아파 눈물이 찔끔 났어요.

중심 글감: 흔들리던 이

▲ 고기를 먹다가 흔들리던 이를 잘못 건드려 더 흔들렸어요.

"아이고, 이가 빠지려나 보네. 내일 치과에 가자."

엄마가 나를 안타깝게 바라보며 말씀하셨어요. 그 순간 작년에 첫 번째 이를 뽑던 때가 떠올랐어요. 이사 선생님의 손에 들린 어마어마하게 큰 집게를 보았을 때 느꼈던 공포와 그때의 아픔이 생생하게 기억나는 거예요.

"아, 아니에요. 엄마. 아직 괜찮을 것 같아요."

나는 고개와 손을 동시에 저으며 말했어요.

"치과 가기 싫으면 아빠가 뽑아 줄게. 실로 묶어서 당기면 금방이야."

아빠가 미소를 지으며 말씀하셨어요. 하지만 실로 이를 잡아당긴다는 생각만으로도 소름이 돋았지요.

"그건 더 싫어요."

나는 고기를 먹는 둥 마는 둥 하고 집으로 돌아왔어요.

▲ 부모님이 이를 뽑자고 하셨지만 '나'는 무서워서 이를 뽑기 싫었어요.

'치과 가기 싫은데 어떡하지? 그렇다고 아빠가 뽑는 건 더 무섭고.'

치과와 주변에 안절부절못하던 나는 책상 서랍에 숨겨 두었던 초콜릿을 꺼냈어요.

'에라, 모르겠다. 하나만 먹어야지!'

울적할 때, 달콤한 초콜릿을 먹으면 기분이 좋아지거든요. 입안에서 천천히 녹는 초콜릿에 집중하니 두려움이 서서히 사라지고 행복해졌어요.

▲ 걱정과 두려움에 안절부절못하던 나는 숨겨 두었던 초콜릿을 먹으며 행복해졌어요.

그런데 [초콜릿이 입안에서 다 사라지는 순간 혀에 사탕처럼 딱딱한] 게 느껴졌어요.

중심 사건: 초콜릿을 먹다가 흔들리던 이가 빠짐.

"어? 이건 뭐지?"

손바닥에 뱉어 보니 흔들리던 이였어요. 이가 뽑힌 거예요.

그 순간 이가 저절로 뽑혔다는 놀라움과 치과에 가지 않아도 된다는 안도감이 동시에 밀려왔어요.

"엄마, 아빠! 초콜릿 먹다가 이가 저절로 빠졌어요!"

나는 신이 나서 거실로 뛰어나가며 소리쳤어요.

"초콜릿이 도와줬구나!" / 아빠가 웃으며 말씀하셨지요.

▲ 초콜릿을 먹다가 흔들리던 이가 빠져 신이 났어요.

그때였어요.

"자꾸 초콜릿 먹으면 이 썩는다고 했는데 또 먹었어? 치과에 가긴 가야겠네."

엄마가 눈살을 찌푸리며 나를 바라보셨어요. 으악! 내 마음은 다시 쿵쾅 거리기 시작했어요.

▲ 엄마는 초콜릿을 먹은 '나'에게 치과에 가야겠다고 하셨고, '내' 마음은 다시 쿵쾅거리기 시작했어요.

바로 확인

1 이　　2 초콜릿　　3 치과

★ 새로 알게 된 낱말이나 어려운 낱말을 써 보세요.

추론하기

5 이 글의 '나'는 맛있는 초콜릿도 먹고 흔들리던 이도 저절로 빠진 상황이므로, 동시에 두 가지 이익을 얻는다는 '일석이조(一石二鳥)'와 관련이 있다.

감상하기

6 이 글은 치과 가기를 두려워하는 '내'가 초콜릿을 먹다가 흔들리던 이가 뽑힌 이야기이다. 이를 뽑기 전과 이를 뽑은 후의 '내' 마음이 생생하게 표현되어 있어 '해솔'이의 소개가 가장 알맞다.
• '민호': 이 글에는 치과를 방문한 내용은 나타나 있지 않다.
• '연수': 이 글에는 초콜릿을 숨기는 장소나 이가 썩지 않게 초콜릿을 먹는 방법은 드러나 있지 않고, 글의 내용과도 알맞지 않다.

7 예시 답안 나도 몇 달 전에 이름 뽑으러 치과에 갔다가 치과 의자에 눕자마자 너무 무서워서 울어 버렸던 경험이 있다. 이를 억지로 벌리고 적적 울고 있느데 선생님이 다 했다고 하셨다. 정말 아무 느낌도 없었고, 너무 순식간에 일어난 일이라 어리둥절했다. 그 순간 너무 크게 운 것 같아 창피하다는 생각이 들었다.

:D	이를 뽑은 경험을 떠올려 그때의 생각이나 느낌을 나타내는 말을 알맞게 사용하여 썼습니다.
:)	이를 뽑은 경험을 떠올려 썼으나, 그때의 생각이나 느낌을 구체적으로 표현하지 못했습니다.
:(	이를 뽑은 경험을 알맞게 떠올려 쓰지 못했습니다.

96~97쪽

1 ① 2 ① 3 ⑤ 4 ② 5 (2)○ 6 해설
7 예시 답안 참고

중심 글감 파악하기

1 이 글은 매점 전부터 흔들리던 이를 뽑은 이야기를 쓴 것이다.

일이 일어난 차례 알기

2 ① '나'는 (작년에) 치과에 가서 첫 번째 앞니를 뽑았다. ➡ ③ (오늘 저녁) '나'는 상추쌈을 먹다가 이가 심하게 흔들렸다. ➡ ④ 아빠는 실을 이용해 흔들리는 이를 뽑아 주셨다고 하셨다. ➡ ② (걱정과 두려움에 안절부절못하던) '나'는 초콜릿을 먹다가 이가 저절로 빠졌다. ➡ ⑤ 엄마는 '내'가 초콜릿 먹은 것을 아시고 치과에 가야겠다고 하셨다.

마음을 나타내는 말 알기

3 '공포, 무서움, 걱정, 두려움'은 모두 이를 뽑는 것과 관련된 부정적인 마음이고, '안도감'만 긍정적인 마음을 나타내는 낱말이다.
㉠ '공포': 두렵고 무서움.
㉡ '걱정': 안심이 되지 않아 속을 태움.
㉢ '안도감': 안심이 되는 마음.

인물의 마음 파악하기

4 '나'는 흔들리던 이가 초콜릿을 먹다가 빠지자 신이 났다. 하지만 초콜릿을 먹어 치과에 가야겠다는 엄마의 말씀에 '내' 마음은 다시 치과에 대한 두려움에 쿵쾅거리기 시작했다.

15

읽기 후 활동

★ 새로 알게 된 낱말이나 어려운 낱말을 써 보세요.

- 글쓴이가 읽은 책 예 ○
- 글쓴이가 책을 읽게 된 동기에 〰
- 책을 읽은 뒤의 생각이나 느낌에 [ ]

3회독 ★ 내가 표시한 내용과 예시 답을 비교하며 읽어 보세요.

『신발 신은 강아지』를 읽고

도서관을 이리저리 둘러보다가 『신발 신은 강아지』라는 책을 발견하였어요. (글쓴이가 읽은 책 제목) 강아지가 신발을? 이상한 제목이 눈길을 끌었지요. 게다가 표지 속 강아지의 커다란 두 눈이 '내 이야기가 궁금하지 않니?' 하며 속삭이는 것 같아 책을 읽어 보았어요.

▲ 도서관을 둘러보다가 『신발 신은 강아지』라는 제목과 표지 그림이 눈길을 끌어 책을 읽어 보았어요.

주인공 미니는 엄마와 차를 타고 가다가 차 앞으로 뛰어든 강아지를 만났어요. 강아지는 노란 신발을 신고 있었지요. 엄마가 신발을 보니 주인이 있을 것 같다고 하셨지만, 미니가 우겨서 강아지를 집으로 데려왔어요.

▲ 줄거리: 미니가 차 앞으로 뛰어든 노란 신발을 신은 강아지를 집으로 데려왔어요.

나는 미니가 부러웠어요. 미니처럼 우연히 강아지를 만나 집으로 데려오고 싶었어요. 엄마 전에 강아지를 키우고 싶다고 했는데, 부모님이 반대하셨거든요. 한 생명을 잘 보살피며 끝까지 함께하는 것은 큰 책임감이 따르는 일이라고 하시면서요.

▲ 이야기와 관련된 경험: 나도 강아지를 키우고 싶다고 했는데, 부모님이 반대하셨어요.

미니네 집으로 온 강아지는 소리 내며 울기만 했어요. 미니 엄마도 우리 엄마처럼 우는 까닭을 모르겠다고 했어요. 미니는 산책하고 싶어 우는 것 같다고 했지만, 미니는 산책하고 싶어 우는 거라고 했지요.

▲ 줄거리: 미니는 소리 내며 울기만 하는 강아지를 보고 산책하고 싶어 우는 거라고 했어요.

나도 미니와 같은 생각이에요. 미니 엄마도 우리 엄마처럼 아무것도 모르는 것 같아요. 산책하면 울음이 금방 진해질 테니, 진해질 시간이 부족했을 뿐이라고요.

▲ 생각이나 느낌: 나도 미니와 같은 생각이에요. 진해질 시간이 부족했을 뿐이라고요.

미니는 강아지를 공원으로 데려갔어요. 그러자 강아지가 일어서고 앉으며 재롱을 부리기 시작했어요. 그럼 그렇지! 역시 강아지는 주인이 보고 싶은 게 아니었나요. 산책하니 금세 기분이 좋아졌잖아요. 신이 난 미니는 강아지에게 장난감을 던지며 가져오라고 했어요. 그런데 강아지가 뛰어가 미니 품으로 오지 않았어요. 신발만 덩그러니 남아 있었지요.

▲ 줄거리: 미니는 강아지를 공원에 데려갔다가 잃어버렸어요.

[강아지는 어디로 간 걸까요? 자기 주인을 찾으러 간 걸까요? 그 순간, 미니도 나도 강아지의 마음을 전혀 생각하지 않았다는 것을 깨달았어요. 잠시만 같이 있다가 헤어져도 이렇게 슬픈데, 강아지와 주인이 서로를 얼마나 간절히 찾았을지 생각하니 마음이 아팠어요. 얼마 전 장난감 사듯이 강아지를 사 달라고 부모님을 졸랐던 것이 부끄러웠어요.] (책을 읽은 뒤의 느낌)

▲ 이야기와 관련된 경험: 서로를 간절히 강아지와 주인을 생각하니 마음이 이렇고, 장난감 사듯이 강아지를 사 달라고 부모님을 졸랐던 것이 부끄러웠어요.

잘못을 깨달은 미니는 강아지의 주인을 찾아 주려고 전단을 붙였고, 다행히 주인을 찾았어요. 그리고 미니는 동물 보호소를 다시 방문해 주인이 없는 강아지를 새 가족으로 맞이하였어요. [미니가 자기만의 강아지를 찾아 아셨을 때는 나도 같이 기뻤어요. 오늘 저녁에는 부모님과 새 가족을 만드는 일에 대해 진지하게 이야기해 봐야겠어요.]

▲ 생각이나 느낌: 미니가 주인 없는 강아지를 새 가족으로 맞이하는 것을 보고, 나도 부모님과 새 가족을 만드는 일에 대해 이야기해 봐야겠다고 생각했어요.

부조 읽기

1 제목   2 강아지   3 마음   4 가족

102~103쪽

1 (2)○   **2** ②   **3** ②,④   **4** 느낌(마음, 감상 등)   **5** 승아
6 예시 답안 참고

글의 종류 알기

1 이 글은 책을 읽고 자기 생각이나 느낌을 표현하여 쓴 독서 감상문이다.

문맥 파악하기

2 미니가 강아지와 공원에 산책을 나왔다가 강아지를 잃어버린 장면에 대한 마음으로 어울리는 것은 '슬픈데'이다.
① '미운데': 마음에 들지 않거나 눈에 거슬리는 느낌이 있는데.
③ '뿌듯한데': 기쁨이나 감격이 마음에 가득 차서 벅찬데.
④ '창피한데': 체면이 깎이는 일을 당하여 부끄러운데.

독서 감상문에 들어갈 내용 알기

3 ⑦에서 글쓴이는 도서관을 둘러보다가 『신발 신은 강아지』라는 책을 발견하고 제목과 표지 그림이 눈길을 끌어 이 책을 읽게 되었다고 하였다. 따라서 ⑦에는 책의 제목과 책을 읽게 된 동기가 드러나 있다.
① → 책의 줄거리는 2, 4, 6, 8문단에 드러나 있다.
⑤ → 이야기와 관련된 경험은 3, 7문단에 드러나 있다.

독서 감상문에 들어갈 내용 알기

4 독서 감상문을 쓸 때는 책을 읽고 난 뒤에 든 생각이나 느낌을 표현하는 것이 가장 중요하다. '마음, 감상' 등 '느낌'과 뜻이 통하는 낱말을 썼으면 정답으로 한다.

적용하기

5 보기는 『신발 신은 강아지』를 읽고 나서 미니에게 하고 싶은 말을 편지글로 쓴 것이다. '승아'의 말처럼 책을 읽고 난 뒤에는 감상문, 편지 등 다양한 방법을 통해 책에 대한 내 생각이나 느낌을 표현할 수 있다는 것을 알 수 있다.

• '해설' → 같은 책을 읽었더라도 상황에 따라 다르게 생각을 표현할 수 있고, 재미나 감동을 느낄 부분이 서로 다를 수 있다.

6 예시 답안 (1) 책 제목: 『까만 아기 양』

(2) 인상 깊은 장면: 까만 아기 양은 다른 양들과는 달리 자기만 까만색이어서 눈에 잘 띈다고 생각하였다. 그래서 할아버지께 하얀 털실로 옷을 만들어 달라고 했지만, 할아버지는 까만 아기 양이 소중하다고 말해 주셨다. 밤새 눈이 내린 어느 날, 양들이 걱정되었던 할아버지는 다음 날 아침 일찍 양들을 찾기 위해 밖으로 나왔는데 온통 하얀 눈밭이어서 양들을 다 잃어버렸다고 생각했다. 그 순간 저 멀리 까만 점 하나가 보였고, 할아버지는 양 떼를 찾을 수 있었다.

(3) 생각이나 느낌: 까만 아기 양이 양이 모습 그대로를 소중히 여기고, 까만 아기 양을 위로해 주는 할아버지의 말이 감동적이었다. 그리고 할아버지가 우리를 찾으러 오실 거라고 말하며 혼자 다른 동물 밖에 나가 있었던 까만 아기 양의 행동도 대견했다.

😄 기억에 남는 책을 떠올려 제목, 인상 깊은 장면, 생각이나 느낌을 모두 알맞은 내용으로 잘 썼습니다.

😊 기억에 남는 책을 떠올려 썼으나, 제목, 인상 깊은 장면, 생각이나 느낌 중 한두 가지만 알맞은 내용으로 썼습니다.

😞 기억에 남는 책을 알맞게 떠올려 쓰지 못했습니다.

16

일이 일어난 차례

등장인물에 ○
시간을 나타내는 말에 ~~~
장소를 나타내는 말에 [ ]

3회독 ★ 내가 표시한 내용과 예시 답을 비교하며 읽어 보세요.

책과 콩나무

"소를 콩 한 알과 바꾸지 않겠니? 이 콩 심은 지 하룻밤만 지나도 하늘에 닿을 만큼 크게 자라는 신기한 콩이란다."

[시장]에서 만난 할아버지의 말에 솔깃한 잭은 소를 콩으로 바꾸어 [집]으로 돌아왔어요. (엄마)는 전 재산인 소를 콩 한 알과 바꾼 (잭)의 어리석은 행동에 크게 화가 났어요. 엄마는 잭을 크게 나무라며 콩을 [뒷마당]에 버렸지요.

▲ 잭이 전 재산인 소를 콩 한 알과 바꾸어 오자 화가 난 엄마는 콩을 뒷마당에 던져 버렸어요.

다음 날 아침에 일어난 잭은 깜짝 놀랐어요. 할아버지 말처럼 엄청나게 자란 콩나무가 구름 위까지 닿아 있었기 때문이에요. [구름 위]가 궁금해진 잭은 콩나무의 덩굴을 잡고 올라가기 시작했어요.

▲ 다음 날, 잭은 구름 위까지 자란 콩나무의 덩굴을 잡고 올라갔어요.

구름 위에는 [커다란 성]이 있었어요. 잭이 성문을 두드리니, (아주머니) 한 분이 나왔어요.

"아주머니, 집을 잃은 것 같아요. 배가 고파요."

잭이 둘러댄 말에 아주머니는 안쓰러워하며 음식을 차려 주었어요. 그때, 갑자기 커다란 발소리가 들려왔어요.

"얘야, 얼른 숨어야 해, 이곳의 주인은 사람을 잡아먹는 거인이야."

아주머니는 [벽난로 안]에 잭을 숨겨 주었어요. 커다란 자루를 메고 온 (거인)은 자루 안의 금돈을 세다가 잠이 들었어요. 잭은 재빨리 금돈 자루를 들고 집으로 돌아왔어요.

▲ 잭은 커다란 성에 들어가 거인이 잠든 사이에 금돈 자루를 들고 집으로 돌아왔어요.

이튿날, 잭은 다시 콩나무를 타고 [거인의 성]을 찾아갔어요. 아주머니는 또 잭에게 음식을 차려 주었지요. 그때 쿵쿵 소리와 함께 거인이 나타났고, 잭은 또 [벽난로 안]에 숨었어요. 이번에는 거인이 암탉 한 마리를 내려놓으며 알을 낳으라고 말했어요. 그러자 놀랍게도 닭은 금 달걀을 낳기 시작했어요. 잭은 신기한 암탉이 갖고 싶어서 거인이 잠든 틈을 타 암탉을 훔쳐 [집]으로 돌아왔어요.

▲ 이튿날, 잭은 다시 거인의 성을 찾아가 금 달걀을 낳는 암탉을 훔쳐 집으로 돌아왔어요.

얼마 후, 잭은 또 콩나무를 타고 [거인의 성]에 갔어요. 거인은 또 나타났고, 하프를 내려놓으며 노래를 부르라고 하자 하프는 스스로 아름다운 소리를 내기 시작했어요. 잭은 거인이 잠든 틈을 이용해 하프를 들고 도망가려 했어요. 이때 하프가 소리를 냈어요.

"누구냐, 지난번 도둑이구나!" / 잭은 하프를 들고 서둘러 도망쳤어요.

그 뒤를 거인이 따라 내려오기 시작했지요.

▲ 얼마 후, 잭이 거인의 성에 또 올라가 거인이 잠든 틈에 스스로 소리를 내는 하프를 들고 가려다 거인에게 들켜 도망쳤어요.

잭은 재빨리 [콩나무 아래]로 내려온 후, 도끼를 가져와 콩나무를 찍어 넘어뜨렸어요. 콩나무는 우지끈하는 큰 소리를 내며 넘어졌고, 거인도 함께 떨어지고 말았답니다.

▲ 재빨리 콩나무 아래로 내려온 잭이 도끼로 콩나무를 찍어 넘어뜨렸고, 쫓아오던 거인도 함께 떨어지고 말았어요.

★ 새로 알게 된 낱말이나 어려운 낱말을 써 보세요.

채점하기

1 집 2 이튿날 3 콩나무

110~111쪽

1 책, 거인   2 ⑤   3 ㉢   4 ①,⑤,⑥,③,④   5 태우
6 ⑤   7 예시 답안 참고

중심 인물 파악하기

1 이 이야기는 책이 콩나무를 타고 거인의 성에 찾아가 거인이 가져온 물건을 훔치다가 거인에게 들키면서 끝난다.

세부 내용 파악하기

2 시장에서 만난 할아버지의 말대로 신기한 콩은 하룻밤이 지나자 하늘에 닿을 만큼 크게 자랐다.
① ➡ 소들을 한 입과 바꾼 책의 어리석은 행동에 엄마는 크게 화가 났다.
② ➡ 커다란 성에 사는 아주머니가 이곳의 주인은 잡아먹는 거인이라는 것을 알려 주었다.
③ ➡ 커다란 성에 사는 아주머니는 책을 빵단지 안에 숨겨 주었다.
⑤ ➡ 스스로 소리를 내는 하프 때문에 거인이 잠에서 깨어났다.

시간을 나타내는 말 읽기

3 ㉢ '다음 날 아침'은 시간을 나타내는 말이다.
㉠, ㉡, ㉣, ㉤은 모두 장소를 나타내는 말이다.

일이 일어난 차례 파악하기

4 ② 책은 시장에서 소들 중 한 알과 바꾸었다. ➡ ⑤ 다음 날 아침, 책은 엄청나게 자란 콩나무를 타고 위로 올라갔다. ➡ ⑥ 거인의 성에 올라가 간 책은 첫날에는 금돈 자루를 가지고 왔고, 이튿날 다시 콩나무를 타고 거인의 성에 간 책은 알을 낳는 암탉을 가져왔다. ➡ ③ 얼마 후, 또 콩나무를 타고 거인의 성에 간 책이 하프를 듣고 오려는 순간 잠에서 깬 거인이 쫓아오기 시작했다. ➡ ④ 책은 재빨리 콩나무 아래로 내려와 콩나무를 도끼로 찍어 넘어뜨렸고, 거인도 함께 떨어졌다.

인물의 성격 짐작하기

5 책의 말과 행동을 통해 그 성격을 짐작할 수 있다. 구름 위가 궁금해 콩나무를 타고 올라가는 것은 호기심 많은 책의 성격이 드러나는 행동이다.
'호기심': 새롭고 신기한 것을 좋아하거나 모르는 것을 알고 싶어 하는 마음.

글에 드러나지 않은 내용 추론하기

6 거인이 잠든 틈에 몰래 하프를 훔쳐 가려다가 하프가 소리를 내자 깜짝 놀라고 두려웠을 것임을 짐작할 수 있다.
② ➡ 책은 사람을 잡아먹는 거인의 물건을 가져가는 것에 대해 부끄러워하고 있지 않다.

7 예시 답안 오늘은 아침에 일찍 일어나 도서관에 가서 책을 읽고, 점심에는 가족들과 맛있는 도가스를 먹었다. 저녁이 되자 친구가 축구를 하자고 해서 운동장에서 신나게 축구를 하고 8시쯤 집으로 돌아와 씻었다. 아침에 일찍 일어나 부지런하게 움직이니 하루 동안 할 수 있는 일이 많다는 것을 알 수 있었다.

>.<	오늘 일어난 일을 시간과 장소를 나타내는 말을 사용하여 일이 일어난 차례대로 썼습니다.
:)	오늘 일어난 일을 시간과 장소를 나타내는 말을 사용하여 썼으나, 일이 일어난 차례가 잘 드러나지 않습니다.
:(	오늘 일어난 일을 시간과 장소를 나타내는 말을 사용하여 일이 일어난 차례가 드러나도록 쓰지 못했습니다.

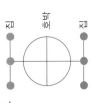

17

실행의 특징

3회독 **고누 놀이 방법** ✚ 내가 표시한 내용과 예시 답을 비교하며 읽어 보세요.

설명의 특징

- 설명하려는 대상 에 ◯
- 두 고누 놀이의 공통된 규칙에 ～～
- 고누 놀이에서 이기는 방법에 [ ]

✚ 새롭게 알게 된 낱말이나 어려운 낱말을 써 보세요.

고누 놀이 방법

고누 놀이: 땅바닥이나 종이에 말판을 그리고, [말을 움직여 상대방의 말이 움직이지 못하도록 모든 길을 막거나, 상대방의 말을 먼저 다 따면 이기는] 전통 놀이예요. 말판의 모양에 따라 우물고누, 호박고누, 발고누, 사방고누 등이 있고 종류에 따라 놀이 방법이 달라요. 대표적으로 우물고누와 호박고누 놀이를 가장 많이 해요.

▲ 고누 놀이는 말판 위에 말을 움직여 상대방의 말이 움직이지 못하도록 모든 길을 막거나, 상대방의 말을 먼저 다 따면 이기는 전통 놀이예요.

놀이 방법

우물고누

두 사람이 각각 말을 두 개씩 준비하고 그림과 같은 위치에 각자 말을 놓아요. '우물'은 선이 없어서 말이 이동하지 못하는 곳이에요.

놀이를 시작할 때 1번과 4번 말은 처음에 움직일 수 없어요. 2번과 3번 말을 먼저 움직여야 해요.

말은 선을 따라 한 번에 한 칸씩만 움직일 수 있어요.

[서로 말을 번갈아 두다가 상대방 말이 더 이상 움직일 수 없게 되면 놀이에서 이기는 거예요.]

▲ 우물고누는 우물 모양의 말판에 두 사람이 각각 두 개씩 말을 놓고, 말을 번갈아 두다 상대방 말이 더 이상 움직일 수 없게 되면 승리하는 놀이예요.

(빨간 말이 이동할 수 없음.)
파란 말 승리

호박고누

두 사람이 각각 말을 세 개씩 준비하고 그림과 같이 각의 집에 말을 놓아요.

말은 선을 따라 한 번에 한 칸씩만 움직일 수 있어요.

단, 집에서는 집 밖을 향해서만 움직일 수 있고, 한번 집을 나오면 다시 들어갈 수 없고, 상대방 집에도 들어갈 수 없고요.

반면에 호박 안에서는 앞, 뒤, 오른쪽, 왼쪽으로 모두 움직일 수 있어요.

[서로 말을 번갈아 두다가 상대방 말이 더 이상 움직일 수 없게 되면 놀이에서 이기는 거예요.]

▲ 호박고누는 호박 모양의 말판에 두 사람이 각각 세 개씩 말을 놓고, 말을 번갈아 두다 상대방 말이 더 이상 움직일 수 없게 되면 승리하는 놀이예요.

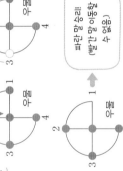

(빨간 말이 이동할 수 없음.)
파란 말 승리

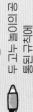

바로확인

1 고누 2 우물 3 호박

1 ⑤   2 (3)○   3 설명서   4 (1)○   5 사방고누
6 예시 답안 참고

글의 종류 알기
1 이 글은 고누 놀이와 대표적으로 많이 하는 '우물고누'와 '호박고누'의 놀이 방법을 설명하는 설명서이다.

세부 내용 파악하기
2 우물고누에서 '우물'은 선이 없어서 움직이지 못하기 때문에 2번과 3번 말을 먼저 움직여야 한다. 1번이나 4번 말을 처음에 움직여 보면 더 이상 말을 움직일 곳이 없다는 것을 알 수 있다.
(1) ⬆ 호박고누는 한번 집을 나오면 다시 들어갈 수 없고, 상대방 집에도 들어갈 수 없다고 하였다.
(2) ⬆ 우물고누는 말이 두 개씩 필요하고, 호박고누는 말이 세 개씩 필요하다.

설명서를 읽는 목적 알기
3 설명서는 설명하려는 대상에 대한 정보를 알기 쉽게 자세히 풀어 쓴 글이기 때문에 고누 놀이 방법을 알아보기 위해서는 설명서를 찾아 읽어 보는 것이 좋다.

그림의 역할 이해하기
4 설명서는 기능이나 사용법 등을 알려 주는 글로, 그림을 넣어 설명하면 읽는 이가 내용을 좀 더 쉽게 이해할 수 있도록 도와준다. 이 글에서도 우물고누와 호박고누 놀이 방법을 그림과 함께 설명해 주어서 읽는 이가 놀이 방법을 쉽게 이해할 수 있다.

내용 추론하기
5 보기의 설명서에서는 말을 변경아 두다가 두다가 상대방이 더 이상 움직일 수 없게 되면 이기는 받고누와 말을 원하는 위치에 하나씩 놓다가 세 개로 먼저 한 줄을 만들면 이기는 사방고누 놀이에 대해 설명하고 있다. '해설'이는 작이 먼저 가로로 한 줄을 놓음 좋은 바람에 놀이에서 졌으므로 사방고누 놀이를 한 것이다.

6 예시 답안 (연필깎이) 설명서
1. 연필깎이 앞에 넓적하게 생긴 적은 덮을 때까지 앞으로 빼냅니다.
2. 적 순갈이를 안쪽으로 모아서 누르고 동그란 구멍에 연필을 꽂느다.
3. 해듬을 돌려 연필을 깎느다. 연필이 다 깎이면 해듬이 헛돈다.
4. 적 순갈이를 다시 안쪽으로 모아서 누르고 연필을 빼냅니다.

^_^	주변에 있는 물건 중 한 가지를 골라 사용 방법을 읽의 순서가 잘 드러나도록 알기 쉽게 썼습니다.
:)	주변에 있는 물건 중 한 가지를 골라 사용 방법을 썼으나, 읽의 순서가 잘 드러나도록 구체적으로 쓰지 못했습니다.
:(	주변에 있는 물건의 사용 방법을 읽는 이가 알기 쉽게 쓰지 못했습니다.

18

꾸며 주는 말

○ 중심 글감에 ○
〰 꾸며 주는 말에 〰
글쓴이의 마음을
생생하게 표현한
부분에 [ ]

★ 새로 알게 된 낱말이나
어렵운 낱말을 써 보세요.

3 회독 ★ 내가 표시한 내용과 예시 답을 비교하며 읽어 보세요.

딸기 따기 체험

"민호야, 일어나자. (딸기 따러) 가야지."

엄마의 말씀에 눈이 번쩍 뜨였어요. 오늘은 유치원에 단짝이었던 서현
이네 가족과 나들이를 가는 날이거든요. 어젯밤에는 서현이를 만날 생각
에 설레어 잠이 오지 않았어요.

▲ 민호는 서현이네 가족과 나들이를 갈 생각에 설레어 잠이 오지 않았어요

우리는 차를 타고 푸른 들판을 달려 딸기 농장에 도착했어요. 서현이니
가 먼저 도착해서 기다리고 있었어요.

서현이와 나는 눈이 마주쳤어요.

"안녕, 오랜만이야!"

서현이가 웃으며 인사를 건넸어요. 나도 반갑게 인사를 했지요. 오랜만
에 만나니니 더 반가웠어요.

▲ 민호는 딸기 농장에 도착하여 서현이를 만났어요.

"그럼, 우리 모두 딸기 따러 가 볼까요?"

아빠의 말씀이 끝나자마자, 기대에 찬 우리는 걸음을 재촉하였어요.

농장 안에 있는 커다란 비닐하우스에는 달콤한 딸기 향기가 가득했어
요. 초록색 딸기 잎 사이에 새빨간 딸기들이 얼굴을 내밀고 있었지요. 딸
기들이 서로 멋지다고 뽐내는 것 같았어요.

"얘들아, 딸기를 딸 때는 둘째와 셋째 손가락 사이에 딸기 꼭지를 끼운
후, 손목을 살짝 꺾으면서 따면 된단다."

"작년에도 해 봐서 기억나요."

"그래, 민호야. 서현이는 처음이니까 네가 가르쳐 주렴."

"네!"

나는 활짝 웃으며 큰 소리로 대답했어요.

서현이와 나는 주렁주렁 딸기가 열린 사잇길로 걸어 들어갔어요.

"여기 잘 익은 딸기 보이지. 내가 먼저 따 볼게."

나는 딸기를 따서 서현이에게 건넸어요.

"우아! 딸기가 정말 맛있다. 우리 딸기 따기 시합할까?"

"좋아. 시작!"

우리는 그동안 있었던 이야기를 나누며 딸기를 따기 시작했어요. 정신
없이 따다 보니 어느새 바구니가는 가득 찼어요.

▲ 민호와 딸기 따는 방법을 서현이에게 가르쳐 주고, 서현이와 함께 딸기 따기 시합을
했어요

즐거운 딸기 따기 체험을 마치고 집으로 돌아갈 시간이 되었어요.

"민호야, 오늘 엄청 재미있었어! 우리 내년에도 같이 오자."

"응, 좋아!"

[오늘은 최고의 날이에요. 가득 찬 딸기 바구니만큼 내 마음도 행복으
로 가득 찼거든요.] 글쓴이의 마음이 생생하게 드러남.

▲ 민호는 내년에도 서현이와 같이 딸기 따기 체험을 하기로 약속했어요.

구조 읽기

1 딸기   2 시합   3 체험

내용 추론하기

5 '제품딸기 농장'이 꾸며 주는 말인 '제품딸기'를 넣어 딸기의 맛을 더 생생하게 표현한 농장 이름이다. '사라진 딸기 농장'과 '딸기 따기 농장'에 는 딸기를 꾸며 주는 말을 적절하게 사용하지 않았다.

내용 추론하기

6 민호는 서현이와 함께 딸기 따기 체험을 한 오늘이 최고의 날이라며 자신의 마음을 생생하게 표현하였다. 따라서 딸기 체험과 닮은 인상 깊었던 일에 대한 생각이나 느낌을 전달하기 위해 쓴 글이라는 '태우'의 말이 알맞다.

7 예시 답안 지난주에 가족들과 가죽관 동물원에 갔다. 목이 엄청 긴 기린이 우리를 반갑게 맞이해 주었다. 홍학에게도 손을 흔들어 준 뒤에 내가 제일 좋아하는 올빼미를 보러 갔다. 나는 부리부리한 눈을 가진 올빼미가 멋있어서 좋다. 그런데 낮에 가서인지 올빼미는 꿀잠 자고 있었다. 올빼미의 멋진 모습을 제대로 보지 못해서 돌아오는 내내 아쉬웠다.

^_^	나들이 갔던 경험을 바탕으로, 그때 있었던 일과 생각이나 느낌을 알맞은 꾸며 주는 말을 넣어 썼습니다.
:)	나들이 갔던 경험을 바탕으로 그때 있었던 일과 생각이나 느낌을 썼으나, 꾸며 주는 말을 알맞게 넣어 쓰지 못했습니다.
:(	나들이 갔던 경험을 바탕으로, 그때 있었던 일과 생각이나 느낌을 알맞게 쓰지 못했습니다.

122~123쪽

1 ③ **2** ④ **3** (1)②(2)③(3)④(4)① **4** (3)○ **5** (2)○
6 태우 **7** 예시 답안 참고

중심 글감 파악하기

1 이 글은 민호가 서현이네 가족과 딸기 따기 체험을 하면서 겪은 일과 그때 의 생각이나 느낌을 쓴 글이다.

인물의 마음 파악하기

2 민호는 서현이에게 딸기 따는 방법을 알면 좋을 수 있다는 생각에 뿌듯한 마음이 들었다. '뿌듯함'은 '기쁨이나 감격이 마음에 가득 차서 자서 벅참.'이라는 뜻이다.
① 당황함: 놀라거나 다급하여 어찌할 바를 모름.
② 섭섭함: 서운하고 아쉬움.
③ 미안함: 마음이 편치 못하고 부끄러움.
⑤ 부러움: 남의 좋은 일이나 물건을 보고 자기도 그런 일을 이루거나 그런 물건을 가졌으면 하고 바라는 마음이 있음.

꾸며 주는 말 구분하기

3 (1)은 인사를 꾸며 주어야 하므로 '반갑게', (2)는 비닐하우스에 가득한 딸기 향기를 꾸며 주어야 하므로 '달콤한', (3)은 열린 딸기를 꾸며 주어야 하므로 '주렁주렁', (4)는 딸기가 바구니에 찬 상황을 꾸며 주어야 하므로 '가득'이 들어가는 것이 어울린다.

꾸며 주는 말의 효과 파악하기

4 "민호야, 오늘 재미있었어!"보다 "민호야, 오늘 엄청 재미있었어!"라고 표현 하는 것이 서현이의 생각이나 느낌을 더 실감 나고 생생하게 전달해 준다.
'엄청': 양이나 정도가 아주 지나친 상태.

2단계 • 정답 및 해설 **39**

19
매체의 특성

- 글 가에서 중심이 되는 낱말에 ○표
- 글 나에서 '나'가 겪은 일에 [ ]
- 글 나에서 '나'의 마음이 나타난 부분에 ~~

★ 새로 알게 된 낱말이나 아래로운 낱말을 써 보세요.

3회독 ★ 내가 표시한 내용과 내용 예시 답을 비교하며 읽어 보세요.

가 어린이 실종 예방을 위한 약속
중심 내용

① 혼자 다니지 않아요.
- 부모님이나 친구들과 함께 다녀요.

② 항상 부모님의 허락을 받아요.
- 어디를 갈 때나 누군가를 도와줄 때는 꼭 부모님께 여쭤봐요.

③ 모르는 사람에게 이름과 전화번호는 절대 알려 주지 않아요.
- 모르는 사람이 나에 대해 묻는 말에는 대답하지 않아요.

④ 위급한 상황에서는 큰 소리로 도움을 요청해요.
- 누군가 자신을 데려가려고 하면 크게 외쳐요.

⑤ 길을 잃었을 때는 돌아다니지 말고, 그 자리에 멈춰서 생각해요.
- 이름표를 달고 있는 직원이나 아이와 함께 있는 어른에게 도와달라고 말해요.

▲ 글과 그림으로 생각을 전달하는 인쇄 매체로, 실종을 예방하기 위해 어린이들이 스스로 지켜야 할 점을 알려 주고 있음.

내 놀이공원에서 겪은 일

우리 가족이 놀이공원에 가는 날이에요. 형과 나는 매칠 전부터 어떤 놀이기구를 탈지 꼼꼼하게 계획을 세웠어요. 나의 첫 목표는 롤러코스터였죠. 매번 형이 타는 걸 구경만 했는데, 드디어 내 키가 120센티미터를 넘었거든요. 처음 타 본 롤러코스터는 정말 짜릿하고 재미있었어요. [나는 형에게 "내가 겁을 먹는 나타날 부분 롤러코스터에서 내리니 긴장이 풀려 화장실에 가고 싶었어요.] 물티고 하고 혼자 급하게 뛰어 화장실에 갔어요. 잠시 후 화장실에서 나왔는데, 우리 가족이 안 보이는 거예요. 나는 덜컥 겁이 났어요. '엉엉 못 찾으면 어떡하지?' 하는 생각에 나도 모르게 눈물이 났어요.

▲ '나'는 놀이공원 화장실에 다녀온 후 길을 잃었어요.

그때, 학교 앞에서 보았던 어린이 실종 예방 안내 포스터의 그림과 내용이 떠올랐어요. 길을 잃었을 때는 이름표를 달고 있는 직원에게 도움을 요청하라고 했던 게 기억나지요. 주위를 둘러보니, 풍포 파는 곳 앞에 이름표를 단 아저씨가 계셨어요. [나는 아저씨께 길을 잃었다고 말했어요. 아저씨는 따뜻하게 위로해 주시며 엄마 전화번호를 물어본 후, 전화를 걸어 주셨어요.]

▲ '나'는 어린이 실종예방 안내 포스터를 떠올려 도움을 요청했어요.

잠시 후, 우리 가족이 뛰어왔어요. 엄마는 나를 보자마자 꽉 안아 주셨죠. 알고 보니 화장실 문이 앞뒤로 두 개가 있는데, 내가 반대쪽 문으로 나와서 길을 잃었던 거예요. 아빠는 금방 찾아서 다행이라고 말씀하시며 실종 예방 안내 포스터를 떠올린 나를 칭찬해 주셨어요. 엄마도 침착하게 잘했다고 말씀해 주셨어요. 나는 감자기 어깨가 으쓱 올라가는 기분이 들었어요. 우리는 환하게 웃으며 다음 놀이기구로 도전하기 위해 발걸음을 옮겼어요.

▲ 부모님이 침착하게 행동한 '나'를 칭찬해 주셨어요.

구조알기

1 실종 2 이름 3 화장실 4 포스터

128~129쪽

1 ④ **2** ⑤ **3** ② **4** (2) ○ **5** 민호 **6** (1) ○

7 예시 답안 참고

세부 내용 파악하기

1 어린이 실종 예방을 위한 약속 ①에서 혼자 다니지 말고, 부모님이나 친구들과 함께 다니라고 하였다.

① 약속 ②에서 누군가를 도와줄 때는 항상 부모님의 허락을 받으라고 하였다.

② 약속 ④에서 누군가 자신을 데려가려고 하면 큰 소리로 도움을 요청하라고 하였다.

③ 약속 ⑤에서 길을 잃었을 때는 돌아다니지 말고, 그 자리에 멈춰서 생각하라고 하였다.

⑤ 약속 ③에서 모르는 사람이 집 주소를 물으면 절대 알려 주지 말라고 하였다.

세부 내용 파악하기

2 글 ❹의 글쓴이는 길을 잃은 상황에서 이름표를 달고 있는 직원에게 도움을 요청했으므로, 글 ❹의 '어린이 실종 예방을 위한 약속 ⑤'를 떠올린 것이다.

매체의 특징 파악하기

3 글 ❷는 포스터 형태로 전하는 내용을 간단한 글과 그림으로 나타낸 인쇄 매체이다.

매체의 특징 파악하기

4 글 ❷는 글에 어울리는 그림을 함께 보여 준다. 글 ❷의 그림만 보아서는 전하려는 내용을 이해하기 어렵다.

적용하기

5 글 ❹의 글쓴이는 위험한 상황에서 포스터의 그림과 내용을 떠올려 침착하게 대처할 수 있었으므로 주변의 포스터나 광고 등의 매체를 주의 깊게 살펴보겠다는 '민호'의 말이 알맞다.

비판하기

6 제시된 광고에서는 부모를 잃은 아이의 심정을 '앞이 깜깜합니다'라는 간략한 글과 아디지 알 수 없는 깜깜한 풍경의 사진 앞에 선 아이의 뒷모습으로 표현하였다. 인상 깊은 사진과 글로 부모를 잃은 아이의 마음을 표현하여 기억에 오래 남는다.

7 예시 답안 나는 만화와 웹툰을 자주 본다. 긴 글로 된 책은 아직 어렵다. 내용을 이해하기 급방급방 넘어가고, 집중해서 오래 읽는 것이 힘들다. 그런 데 만화는 급방급방 넘어가고, 내용도 간단하고, 생생한 그림이 있어서 이해하기도 쉽고 재미있다. 엄마는 내가 만화 보는 것을 싫어하시는 것 같은데, 만화도 교훈적인 내용이 많고 이야깃거리도 많다는 것을 알아주시면 좋겠다.

	평소에 자주 사용하는 매체를 고르고, 어떻게 활용하는지 활용 방법을 알맞은 문장으로 썼습니다.
😊	평소에 자주 사용하는 매체를 골랐으나, 어떻게 활용하는지 활용 방법을 알맞게 쓰지 못했습니다.
🙁	평소에 자주 사용하는 매체를 골라 쓰지 못했습니다.

2단계 • 정답 및 해설 **41**

3회독

★ 내가 표시한 내용과 답을 비교하며 읽어 보세요.

종이 재활용품 분리배출 안내문

20

안내문의 특징

- 안내하고자 하는 내용에 ○
- 이글을 쓴 까닭이 나타난 부분에 〰
- 종이 팩을 버리는 방법에 [ ]

★ 새로 알게 된 낱말이나 어려운 낱말을 써 보세요.

어린이 여러분, 안녕하세요? 우리 학교에서는 환경 보호를 위해 재활용을 위한 쓰레기 분리배출을 강조하고 있어요. 그런데 최근 어린이들이 가장 많이 사용하는 종이의 분리배출이 제대로 이루어지지 않고 있다는 것을 알게 되었어요. 이에 올바른 (종이 분리배출 방법)을 안내하려고 해요.

종이 분리배출 방법을 바르게 이해 환경 보호를 실천하는 멋진 어린이가 되어요.
이 글을 쓴 까닭은 종이의 분리배출 방법을 알려 주려고

▲ 올바른 종이 분리배출 방법을 안내하려고 해요.

종이류는 종이 수거함에 버려 주세요.

골판지 상자는 상자에 붙어 있는 테이프이나 스티커처럼 가하고 납작하게 만들어서 버려요.

책이나 스프링 공책도 종이만 버리는데, 종이만 버려야 해요. 종이가 아닌 스프링이나 코팅된 책 표지는 꼭 제거하고 버려요.

신문지는 반듯하게 펴서 차곡차곡 쌓아서 버려요.

▲ 종이류는 종이 수거함에 버려 주세요.

[종이 팩은 종이 팩 전용 수거함에 버리거나 종이 수거함 옆에 붙여 주세요.]

- 냉장용 우유 팩이나 주스 팩 같은 [종이 팩은 종이 팩 전용 수거함에 버려요. 남은 내용물을 버리고 물로 헹군 후 말려서 버려요.]

▲ 종이 팩은 종이 팩 전용 수거함에 버리거나 종이 수거함 옆에 붙여 주세요.

종이처럼 보이지만 반드시 일반 쓰레기로 버려 주세요.

- 영수증이나 택배 전표, 색종이, 색지는 일반 쓰레기기예요.
- 만졌을 때 표면이 매끈매끈한 금박지, 은박지와 비닐 코팅지, 사진, 땅함은 일반 쓰레기예요.
- 사용한 화장지나 음식물, 기름 등이 묻어 오염된 종이는 재활용할 수 없어서 일반 쓰레기로 버려야 해요.
- 종이가 아닌 물질이 섞인 벽지나 부직포도 종이처럼 보이지만 일반 쓰레기로 버려요.

▲ 종이처럼 보이지만 재활용할 수 없는 것들은 일반 쓰레기로 버려 주세요.

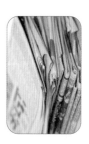

일회용 종이컵은 담은 내용물을 따라 내고 물로 깨끗이 헹궈서 버려요. 플라스틱 뚜껑은 플라스틱 수거함에 버려 주세요.

우리의 작은 실천이 환경을 보호하는 첫걸음이 됩니다!

확인해요

1 종이 2 종이 3 종이 팩

1 ② 2 ⑤ 3 안내문 4 (1)○ 5 해설
6 예시 답안 참고

글을 쓴 목적 알기

1 이 글은 종이 재활용품 분리배출 방법에 대한 정보를 전달하는 안내문이다.

세부 내용 파악하기

2 안내에 따라 종이 분리배출을 할 때 골판지 상자는 상자에 붙어 있는 테이프나 스티커를 제거하고 납작하게 만들어서 버려야 한다.

① 사용한 화장지는 오염되었기 때문에 일반 쓰레기로 버려야 한다.
② 스프링 공책은 종이가 아닌 스프링은 제거하고 공책만 종이 수거함에 버려야 한다.
③ 종이 팩 전용 수거함에는 냉장용 우유 팩이나 주스 팩을 버려야 한다. 일회용 종이컵은 내용물을 버리고 물로 깨끗이 헹궈서 종이 수거함에 버려야 한다.
④ 우유가 들어 있는 우유 팩은 내용물을 버리고 물로 헹군 후 말려서 종이 팩 전용 수거함에 버려야 한다.

안내문의 개념 파악하기

3 이 글은 종이 재활용품 분리배출 방법을 안내하여 알려 주기 위한 글이다.

안내문의 특징 파악하기

4 이 글은 종이류와 종이 팩, 종이처럼 보이지만 일반 쓰레기로 버려야 하는 것을 올바르게 분리배출하는 방법을 알려 주고 있으므로, 이를 바르게 알고 실생활에서 실천할 수 있다.

추론하기

5 제시된 글을 읽고 종이 팩에 사용된 종이는 일반 종이와 다른 고급 종이이기 때문에 종이 팩을 분리배출해야 한다는 것을 알 수 있다. 따라서 종이 팩을 따로 구분해서 버려야 하는 까닭을 알게 되어 좀 더 신경 써서 종이 팩을 분리배출해야겠다는 '해설'이의 말이 알맞다.

• '연수 ➡ 제시된 글에서 종이 팩은 고급 종이의 안내 밖을 비닐로 코팅하여 만들었기 때문에 코팅된 비닐을 제거하면 다시 화장지나 미용 티슈로 재활용할 수 있다고 하였다. 따라서 연수는 제시된 글의 내용을 알맞게 이해하지 못하고 말한 것이다.

6 예시 답안 (1) 언제: 지난 주말
(2) 어디에서: 도서관
(3) 도움을 받은 내용: 도서관 이용 시간과 1인당 도서 대출 권수, 도서 대여 기간, 도서관 이용 시 주의 사항 등을 정확히 알 수 있었다.

◡‿◡	(1)~(3)의 내용을 모두 알맞게 썼습니다.
:)	(1)~(3)의 내용 중 한두 가지만 알맞게 썼습니다.
:(	(1)~(3)의 내용을 모두 알맞게 쓰지 못했습니다.

메모

달콤한 문해력 기본서 초등 2단계

펴 낸 날	2024년 11월 15일(초판 1쇄)
펴 낸 이	주민홍
펴 낸 곳	(주)NE능률
지 은 이	NE능률 문해력연구회
개 발 책 임	장명준
개　　　발	김경민, 유자연, 이은영, 이해준
디자인책임	오영숙
디 자 인	조가영, 한새미
제 작 책 임	한성일
등 록 번 호	제1-68호
I S B N	979-11-253-4884-9

대 표 전 화	02 2014 7114
홈 페 이 지	www.neungyule.com
주　　　소	서울시 마포구 월드컵북로 396(상암동) 누리꿈스퀘어 비즈니스타워 10층